전통이
진리가 된
교회

전통이 진리가 된 교회

발행	2021년 9월 9일
2쇄	2021년 10월 2일

지은이	김현일
발행인	윤상문
디자인	박진경, 이보람
발행처	킹덤북스
등록	제2009-29호(2009년 10월 19일)
주소	경기도 용인시 기흥구 동백동 622-2
문의	전화 031-275-0196 팩스 031-275-0296

ISBN 979-11-5886-220-6   03230

Copyright ⓒ 2021 김현일
이 책은 저작권법에 따라 보호받는 저작물이므로 무단전재와 복제를 금지하며,
이 책의 내용의 전부 또는 일부를 이용하려면 반드시 저작권자와 킹덤북스의
서면 동의를 받아야 합니다.

※ 잘못된 책은 구입한 곳에서 교환하여 드립니다.
※ 책 가격은 표지 뒷면에 있습니다.

킹덤북스(Kingdom Books)는 문서사역을 통해 하나님의 나라를 확장하고,
한국 교회와 세계 교회를 섬기고자 설립된 출판사입니다.

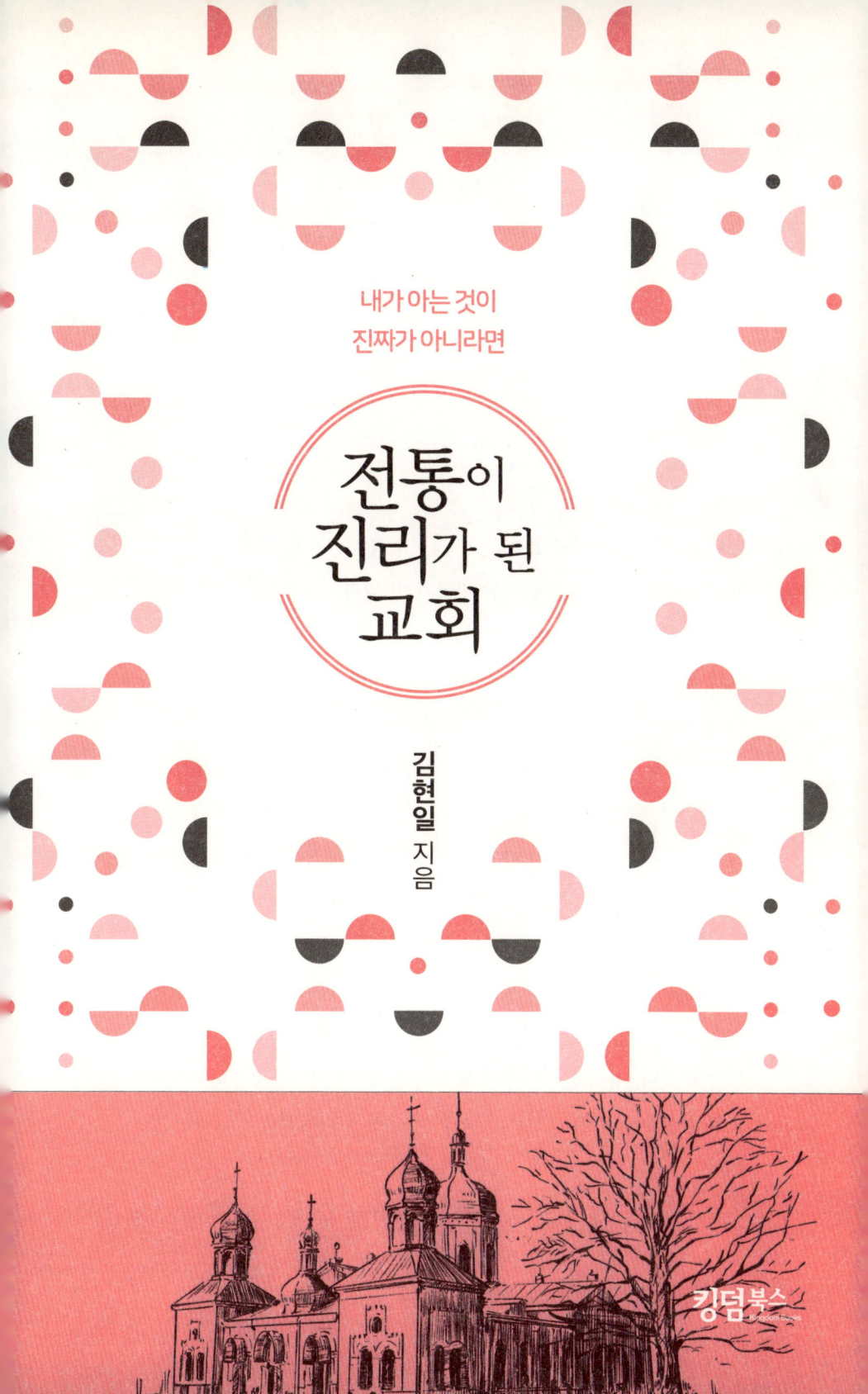

추천의 글

김현일 목사를 지난 20여 년간 사귀고 있다. 언젠가는 한 번 크게 사고(?)를 칠 것이라는 생각을 지울 수 없었다. 3,500여 교회가 정기 구독하는 침례신문에 실린 김 목사의 시론을 읽으면서 그의 깊은 학식과 혜안 그리고 진리를 추구하는 열정에 마음으로 항상 박수를 보냈다. 어느 해인가 '크리스마스의 진실'이라는 제목의 글이 실렸다. 내용은 '지금 우리가 지키는 크리스마스는 예수님께서 탄생하신 날이 아니라 로마 카톨릭에서 유래된 태양신 숭배 날이다.'라는 것이었다. 크리스마스를 해마다 지키는 교회나 성도들이 받아들이기에는 쉽지 않은 내용이었다. 그러나 글의 내용이 논리적으로 정확하고 학문적으로 잘 정리되어 있었기에 그 내용에 대해 반박할 수 있는 여지가 없었다. 목사로서 그 사실을 인정하면서도 많은 교회들이 전통적으로 지켜오고 있는 크리스마스이기에 당장 없앨 수 없는 어려움이 있다. 아마도 대다수의 교회와 목회자들도 이 글을 읽는다면 나와 같은 마음일지도 모른다. 목회적 상황에서 어려움이 있다는 말이다.

그럼에도 불구하고 이 책의 내용들을 들여다보면 교회들이 행하고 있는 전통이 성경에서 얼마나 벗어나 있는가를 논리적으로 정리해 놓았기에 가벼이 넘길 수 없게 된다. 수백 페이지에 해당하는 분량을 단 몇 페이지에 압축하는 얄미운 기술을 보였다. 다루기 쉽지 않은 내용인데도 지면상 길지 않게 잘 정리하였고 교인들도 저자의 글을 그냥 따라가며 읽다가 보면 이해하기 쉽도록 친절하게 썼다. 어떤 주제들은 흥미를 불러일으키기도 하고 감탄을 자아내기도 한다. 저자가 이야기하는 신앙의 주제들이 학문적으로 정확하고 성경으로 증명이 된 것이라면 한번 쓱 읽고 지나가기에는 우리의 신앙 양심이 허락하지 않을 것이다. 우리의 신앙이 어디서부터 떨어졌는지, 어디로 돌아가야 하는지를 깊이 생각해 보는 글이다.

루터의 95개조 반박문으로 시작된 종교 개혁이 500년이 지났다. 종교 개혁 500주년을 지나면서 이 시대에 다시 한번 종교 개혁이 일어나기를 바란다. 교회는 무엇으로부터 개혁되어야 하는가? 아니, 교회는 어디로 돌아가야 하는가? 16세기 종교 개혁가들은 한목소리로 로마 카톨릭과의 분리를 말하고 교황을 향해 적그리스도라고 외쳤다. 오직 말씀을 믿는 믿음으로 돌아가 초기 교회의 회복을 독려하였다. 내 목회에 큰 영향을 준 스펄전 목사와 로이드 존스 목사도 그들과 동일하게 말하고 외쳤다. 지금의 교회는 그러한 종교 개혁가들의 정신을 이어받아 행하고 있는가를 생각해 보아야 한다.

개혁은 생각에서 시작된다. 생각이 변해야 행동이 바뀌고 행동이 바뀌어야 개혁이 완성된다. 그래서 이 책을 읽는 독자에게 요구되는 것은 끊임없이 생각하는 자세이다. 베뢰아 사람들처럼 그것이 정말 그런지를 연구하고 묵상하는 것이다. 마지막으로 목회자와 평신도 사역자 그리고 성도들이 익숙해진 신앙적 전통의 관점에서 이 책을 대하지 않기를 바란다. 보다 열린 마음과 시각으로 봐주기를 바란다. 이 책을 읽는 모든 사람들에게 진리의 성령님이 인도하시기를 소망한다.

고명진 목사(기독교한국침례회 총회장)

'예수가 그리스도이시다.'라는 복음의 출현 이후, 2천 년이 지나고 있다. 원색 그대로의 복음이 역사의 격변을 뚫고 변질되지 않고 우리에게 그대로 전달되고 있을까? 지금의 교회들이 그때의 교회를 그대로 계승하며 그 본질을 유지하고 있는지 아니면 시대와 타협하면서 변형되었는지 물어야 할 시점이다. 코로나19 팬데믹 상황에서 우리는 급변하는 사회 현상의 영향을 삶의 곳곳에서 체험하면서 우리가 사랑하고 헌신하는 교회에 대한 사회의 대립적 반응을 놀라울 정도로 경험하고 있다. 더불어 기존의 예배 방법과 신앙생활의 형태가 해체와 조립의 과정을 거치면서 우리는 근원적인 교회 모습을 신학적으로 신앙적으로 찾아야 할 상황에 놓이게 되었다.

저자 김현일 박사님은 이 시대 속의 교회 상황을 날카롭게 직시하고 있다. 지금 교회 현장에서 사용하는 용어, 예배, 생활, 의식, 제도가 신약 교회를 계승하는지 아니면 전통 속에서 굳어진 형태를 따르는지 살펴보고 있다. 혹시라도 우리가 카톨릭 전통에서 형성된 전례를 따르지는 않는지, 성서에 근거하기보다는 전통 속에서 형성된 절기를 지키는 것은 아닌지 또는 성경에 없는 절기를 만들어서 지키지는 않는지 등에 대해 근원으로 돌아가는 성찰을 요구하고 있다. 교회는 개혁보다는 끊임없이 신약 교회로 돌아가는 과정을 통해 문제를 해결하면서 본질을 회복해야 한다고 저자는 주장하고 있다.

이 책의 내용은 독자들의 입장에 따라서 적극적으로 동의할 수 있거나 이와는 반대로 다소 거부감도 있을 것이다. 신앙생활을 위해 장치한 절기나 의식을 교단에 따라서 혹은 개인의 신앙이나 신학에 따라서 다르게 평가할 수 있을 것이다. 물론 이러한 다양성은 근본적으로 '예수는 그리스도이시다.'라는 고백으로 통일성과 유기적인 관계성을 유지할 수 있다. 그 통일성 속의 다양성은 언제나 긴장 관계 속에서 건강한 신학과 신앙을 추구하게 만드는 역할을 한다.

저자 김현일 박사님은 열정적인 목회와 신학에 대한 끊임없는 탐구로 신앙과 신학의 균형을 갖춘 목회자이다. 초대 교회를 구현하는 목회를 비롯해 국내외에서 쌓은 학문적인 연마와 교계, 언론, 경영 등의 다양한 활동을 통해서 축적한 경험으로 이 시대의 교회 현상을 직관하면서 교회가 근원으로 돌아가도록 촉구하고 있다. 저자는 신학의 균형을 갖추기 위해 다양한 주석서를 참고했을 뿐 아니라 세계사와 교회사 그리고 시대의 흐름을 통찰하면서 이 시대의 울림이 되는 저술을 했다. 모쪼록 이 책을 통해서 독자들이 더욱더 원색의 복음으로 물든 신약 교회의 정신을 계승하기를 기대한다.

김선배 박사(한국침례신학대학교 총장)

종교 개혁이 일어난 지 500년이 지났다. 교회가 2천 년 전 초기 교회와는 너무나 많이 달라진 모습을 띠게 되었다. 지금 교회들이 쓰고 있는 많은 용어들이 성경과는 멀어져 있다. 개신교 안에 있는 여러 가지 제도와 전통과 용어에도 로마 카톨릭의 잔재들이 남아 있다.

사순절이란 말은 우리 어릴 때는 교회에서 들어보질 못했다. 한데 알고 보니 이것은 순전히 카톨릭에서 가져와서 너무나 자연스럽게 사용하고 있지 않는가? 사순절을 지키는 것 자체가 문제가 되는 것이다. 크리스마스를 태양절인 12월 25일에 지키는 것도 한국교회가 재고해 보아야 한다. 물론 날짜에 문제가 있다고 하더라도 하나님이신 예수님께서 인간의 몸으로 이 세상에 오신 것은 변하지 않는다.

부활도 역사적인 사실이다. 성경도 증거한다. 예수님의 부활을 기념하는 것은 문제가 되지 않는다. 그러나 지금 개신교가 지키는 부활절 날짜는 로마 카톨릭에서 온 것이다. 뿐만 아니라 그 날은 이스터 여신을 기념하는 날이다. 우리가 부활에 대한 믿음을 만방에 선포하며 전파하는 것은 당연히 해야 한다. 그러나 이스터라는 용어와 날짜는 성경대로 가야하지 않겠는가.

교단이나 신학자에 따라 이 책의 일부분은 껄끄러울 수도 있다. 예를 들어 사도 신경을 언급했는데, 성도들이 공통으로 고백할 수 있는 신앙 고백문이 있다는 것은 좋은 일이다. 하지만 사도 신경의 내용과 기원 자체가 우리가 알고 있는 것과는 많이 다르다. 사도 신경은 로마 카톨릭에서 만든 것이다. 게다가 성경에 없는 내용을 많이 갖고 있기에 새로운 신앙 고백문이 만들어졌으면 한다.

모든 교회가 부흥을 갈망한다. 그런데 부흥은 먼저 개인과 교회가 회개하고 정결해진 다음에 하나님께 기도하면 하나님의 뜻대로 지역 교회에 부흥을 주시는 것이다. 내가 경험한 바로는 교회의 주인 되시는 성령께서 부흥을 주셔야 교회가 부흥하는 것이라고 본다. 그리고 포스트 코로나 시대에도 마찬가지다. 주어진 어려운 상황을 피해가거나 이겨내려고만 하지 말고, 종교 개혁자들이 주장한 대로 오직 성경, 오직 믿음으로 돌아가야 진정한 부흥이 온다고 생각한다. 저자 김현일 목사가 섬기는 사랑진교회에는 사도행전의 부흥이 지금 계속 되고 있다.

이 책에는 저자가 30년 동안 연구한 것들의 열매가 들어있다. 저자 김현일 목사는 이 열매들을 한국교회와 나누고자 하는 간절한 마음으로 이 책을 썼다. 그리고 8년 동안 침례신문과 교계신문에 쓴 글들을 재편집하고 정리한 글들이 들어있다. 저자는 여러 가지 다양한 주제들을 다루었다. 새로운 글도 많이 추가했다. 신학과 교파가 다른 한국교회에서 다소 받아들이기 힘든 부분도 있겠지만 한국교회를 사랑하는 마음으로, 한국교회의 부흥을 갈망하는 마음으로 저자는 이 책을 썼다고 나는 확신한다. 특히 부산대학에서 영어영문학을, 부산대학원에서 정치외교학을 공부하고 신학 분야에서 석·박사를 마쳤기에 다양한 학문의 배경을 가지고 이 책을 저술했다고 본다. 목회자와 평신도 지도자뿐 아니라 성도들도 꼭 한번 읽어 보기를 권한다.

최홍준 목사(호산나교회 원로)

목차

추천의 글   4
들어가는 말   12

I. 역사의 강은 흐른다   17
1. 셰익스피어와 엘리자베스 1세 여왕   18
2. 기드온과 프랑스 혁명   24
3. 하나님 나라와 세상 나라가 충돌할 때   29
4. 소금 언약과 대한민국   34
5. 한민족 기원의 비밀, 아리랑 (1)   39
6. 한민족 기원의 비밀, 아리랑 (2)   46
7. 대한민국과 부흥   56

II. 진리인가 전통인가   61
8. '성(聖)'자에 얽힌 유감   62
9. 예수님이 달리신 곳은 나무인가 십자가인가?   67
10. 사순절, 진리인가 전통인가?   74
11. 예수님은 금요일에 돌아가셨을까?   80
12. 주의 만찬인가 성만찬인가?   88
13. 사도 신경을 사도가 썼을까?   101
14. 우리는 사도 신경을 고백해야만 하는가?   106
15. 크리스마스의 진실   112
16. 응답하라 12월 25일   119

Ⅲ. 성경에 답이 있다　　　　127

17. 어린아이가 죽으면 지옥가는가?　　128
18. 낙태는 살인인가?　　136
19. 부활은 처녀 탄생의 증거이다　　144
20. WCC를 놓고 통곡한다　　152
21. 예수님의 피인가 예수님의 죽음인가?　　158
　- 존 맥아더에게 묻는다 (1) -
22. 주재권 구원을 아시나요?　　164
　- 존 맥아더에게 묻는다 (2) -
23. 나의 믿음인가 주님의 믿음인가?　　174

Ⅳ. 이것이 요한계시록이다　　　　185

24. 아마겟돈은 실제 전쟁인가?　　186
25. 7년 대환난과 비밀 휴거는 있는가?　　193
26. 브렉시트와 느부갓네살 신상　　200
27. 동성애와 적그리스도　　206
28. 한 눈에 보는 요한계시록　　213
29. 이 땅에 천년 왕국은 있는가?　　223
30. 하나님의 영원한 목적, 새 예루살렘　　235

미주　　245

들어가는 말

성경이 말하는 교회는 신약 교회다. 신약 교회는 진리를 선포하고 누리며 영혼을 구원하고 형제 사랑이 넘치는 곳이다. 이것이 되어야 신약 교회라고 성경은 증거한다. 사랑진교회는 신약 교회다. 교회 이름은 에베소서 4장 15절에서 나왔다. 오직 사랑 안에서 진리를 말하는 교회이다. 신약 교회를 따라 걸어온 하세월이 30년이다. 만 38세에 가정교회를 시작했고 교단 소속 목회한 지가 20년째이다. 수많은 가슴앓이와 눈물과 기도를 통해 주님이 주신 것을 이제 한국교회와 함께 나누려 한다.

다른 것이 틀린 것은 아니다. 그러나 성경에서 나온 진리가 다르다면 그것은 틀린 것이다. 사람의 인생관이나 삶은 서로 다를 수 있고 달라도 되지만 성경이 하나라면 진리도 하나여야 한다. 교회가 진리를 포기하고 전통을 택하면 거룩이 사라진다. 진리의 말씀이 왜곡되면 말씀이신 하나님의 거룩이 손상을 입는다. 결국 거룩을 포기한 것이 된다. 시대 시대마다 회개하고 진리의 말씀으로 돌아올 때 부흥이 일어났다. 교회가 성경에 없는 전통과 누룩을 버리고 성경의 진리로 돌아오기를 간절히 소망하면서 이 책을 썼다.

2천 년 전 최초의 신약 교회는 사도들의 교리 위에 흔들림 없이 꾸준히 서 갔다. 사도들의 교리는 주후 49년에 시작해서 주후 70년이 되기 전에 모두 성경 기록이 되었다. 보통 요한계시록의 기록 연도를 주후 95년으로 보고 있는데 요한계시록은 주후 69년 초반에 기록되었다. 계시록이 90년대에 기록되었다면 사도 요한이 주후 70년에 일어난 예루살렘 멸망을 언급하지 않았을 리가 없지 않겠는가. 계시록의 기록 연대가 중요한 것은 기록 연대가 언제인가에 따라서 종말론이 달라지기 때문이다. 초대 교회사의 대가인 F. F. Bruce도 꼼짝없이 기록 연대를 인정한 책이 있다. John A. T. Robinson이 쓴 『Redating the New Testament』이다. 8장에 자세한 내용이 있다.

하나님의 말씀은 한 치의 오차와 틀림이 없이 선포되고 전파되어야 한다. 성경이 말하는 교회, 유아 세례, 사도 신경 등등을 깊이 고민하다가 관련 서적들을 확인하게 되었다. 그 이후 5대째 신앙생활 해 오던 장로교를 떠나 지금은 침례교에 몸 담고 있다.

교회가 무엇인가, 그 고민을 하다가 이 책이 나온 것이다. 교회는 구름 기둥과 불 기둥으로 다시 말해서 성령님과 말씀으로 인도함을 받는 곳이다. 에클레시아, 교회는 구원받은 사람들의 모임이라고들 하지만 사실은 구원받은 사람들이 교회이다. 연구하다 보니까 성경에 있는 교회와 지금의 교회 모습이 많이 달랐다. 교회 모습이 다르니 신앙생활의 모습도 달라졌다.

언제부터인가 주님이 행하시고 명하신 주의 만찬을 성만찬이라고들 한다. 그게 뭐 그리 중요하냐고 할지 모르지만 틀과 내용이 바뀌면 본질도 변하는 것이다. 발효되지 않은 빵과 포도즙 대신에 발효된 빵인 카스테라와 포도주를 먹고 마신다. 이것은 성경 말씀에서 벗어난 것이다. 심지어 주의 만찬의 본질인 성도의 교제까지도 변질되었다. 다시 말해서 주의 만찬이 의식이 되어 버린 것이다.

계속 추적하다 보니 그 다른 모습들 중 많은 것들이 로마 카톨릭에서 나온 것을 발견했다. 크리스마스와 사순절이 성경에 없었다. 부활절의 날짜도 성경과 달랐다. 주의 만찬과 성만찬도 달랐다. 연구는 성경이 말하는 구원과 종말까지 확장되었다. 사실 평신도라는 말과 헌금이라는 말도 1975년 이전까지는 한국교회에서 사용하지 않았다. 성도라고 했고 연보라고 했다.

이런 여러 가지 고민과 연구가 이 책에 담겨 있다. 이 책의 글들은 가능한 한 신학 용어나 사상을 쓰지 않고 성경과 역사를 토대로 만들었다. 사실은 주제 하나에 책이 한 권에서 열 권이 될 수 있지만 그것을 가장 짧은 글에 누구나 읽을 수 있게 쉽게 만들려고 애를 썼다. 여담이지만 경제적·사회적·문화적 따위의 '적(的)'자를 쓰지 않으려고 고군분투했다. 가뭄에 콩 나듯이 있는 '적(的)'자를 찾아내는 것도 쏠쏠한 재미가 있을 듯하다. '적(的)'자는 중국 글에서 온 것이다. 신채호 선생, 주시경 선생, 최현배 선생 그리고 함석헌 선생 이후에 우리 글을 우리 글답게 쓰려고 한평생 연구한 분이 이오덕 선생이다. 이분들의 도움이 컸다.

2천 년 동안 우리에게 주경신학과 건전한 신학을 남겨준 유명·무명의 신학자들과 목사들에게 진심으로 감사를 전한다. 30년 동안 수

많은 책 속에서 나를 깨우쳐 준 분들이다. 한국교회를 사랑하고 성도를 사랑하는 마음으로 이 글을 세상에 내놓는다. 책 내용이 사실이라도 목회 현실에서 받아들이기 힘든 부분이 있다는 것을 충분히 알고 있다. 우리 모두에게 아픈 이야기가 될 수 있지만 보듬고 가주기를 소망한다. 누가 옳고 그른지는 마지막 그날에 드러날 것이다. 우리는 부분만을 볼 수밖에 없는 존재이다. 루퍼투스 멜데니우스Rupertus Meldenius가 말했다. 본질의 것에는 일치를, 비본질의 것에는 자유를, 모든 것에는 사랑을. 오직 사랑 안에서 진리를 말할 따름이다. 다양한 의견들로 인해 우리 서로 성경 말씀을 더욱 깊게 탐구하기를 소망한다.

춘추 전국 시대에 거문고의 달인 백아伯牙가 있었다. 자신의 스승 말고는 아무도 백아의 음악을 이해하는 사람이 없었다. 스승이 세상을 떠나고 나서 백아의 연주를 알아보는 사람이 나타났다. 나무꾼 종자기鍾子期였다. 어느 날 종자기가 병에 걸려 세상을 떠났다. 이후로 백아는 거문고 줄을 전부 끊은 후 다시는 거문고를 연주하지 않았다. 나는 지금 애타는 마음으로 종자기鍾子期를 찾고 있다.

사랑진 지체들을 향한 사랑과 고마움은 말로 표현할 수 없다. 사랑진교회가 없었으면 이 책은 나올 수 없었다. 신약 교회를 찾아 순례하는 과정에서 힘든 여정을 함께 해준 가족들에게도 고마움을 전한다. 한평생 진리 추구의 길을 인도하시고 함께 하신 나의 주 하나님께 감사와 영광과 존귀를 올려 드린다.

사랑진교회에서 김현일 목사

I.
역사의 강은 흐른다

1. 셰익스피어와 엘리자베스 1세 여왕
2. 기드온과 프랑스 혁명
3. 하나님 나라와 세상 나라가 충돌할 때
4. 소금 언약과 대한민국
5. 한민족 기원의 비밀, 아리랑 (1)
6. 한민족 기원의 비밀, 아리랑 (2)
7. 대한민국과 부흥

01

셰익스피어와
엘리자베스 1세 여왕

"아름다운 이 땅에 금수강산에 단군 할아버지가 터 잡으시고 … 장군의 아들 김두한, 날자꾸나 이상, 황소 중섭, 역사는 흐른다." 한국을 빛낸 100명의 위인들을 노래한 '역사는 흐른다'이다. 역사는 흘러가야 하는데, 지금 한국 역사는 거꾸로 흐르고 있다. 유럽에서는 30년 전에 끝나버린 이념 전쟁이 한반도를 휘감고 있다. 대한민국 역사 이래 이런 날은 없었다. 그래도 역사는 흐른다.

한국 역사도 흐르지만 세계 역사도 흐른다. 주후 313년 콘스탄틴 황제가 로마 카톨릭 종교를 시작하자, 참 그리스도인들은 로마 종교를 떠나 순례의 길을 떠난다. 주후 313년부터 1517년까지 1,200년 동안 유럽은 로마 카톨릭 교황이 통치하는 암흑시대였다. 참 그리스도인들은 깊은 산 속이나 계곡이나 알프스 산지에 숨어 살았다. 로마 카톨릭 안에 있던 한 신부가 깃발을 들었다. 1517년 10월 31

일, 마틴 루터 Martin Luther 는 비텐베르크 신학교 정문에 면죄부를 비롯한 오류 95개조 반박문을 내걸었다. 95개조 반박문은 한 달 만에 전 유럽으로 퍼졌다. 루터 자신도 예상치 못한 종교 개혁은 이렇게 시작되었다. 수많은 로마 카톨릭 교인들이 복음을 듣고 구원받기 시작했다.

당황한 로마 카톨릭 쪽에서 한 사람을 세웠다. 이그나티우스 로욜라 Ignatius de Loyola 이다. 로욜라는 1540년 예수회 the Society of Jesus 를 설립하고 반동 종교 개혁을 시작했다. 존 칼빈은 이 군대 조직을 제수이트 Jesuits 라 불렀다. 유럽 곳곳이 신구 종교의 전쟁터가 되고 암살이 난무했다. 역사는 흐른다.

시간이 흘러 종교 개혁은 영국에서 번창했다. 6개 국어를 구사하는 영국 여왕 엘리자베스 1세는 성경의 개혁 교리들이 영국에서 널리 전파되도록 허용했다. 1570년, 엘리자베스 여왕은 자신의 왕국에서 제수이트를 제거했다. 제수이트의 음모와 로마 카톨릭 교도들에 대한 선동을 알게 된 여왕은 영국 국경 안에서 예수회 회원이 발견되면 즉각 사형을 명령했다. 당연히 예수회 회원들은 여왕을 혐오했고 그녀의 왕권을 부인했다. 제수이트는 "영국의 그 죄 있는 여자는 왕권도 여왕의 칭호도 가질 수 없다."고 모함했다. 여왕이 헨리 8세의 두 번째 아내, 앤 볼레인 Anne Boleyn 의 딸이었기 때문이다. 그래서 '천일의 앤'이라는 영화도 있었다.

예수회 회원들은 엘리자베스 Elizabeth 를 '사생아 여왕'이라 불렀다. 제수이트들은 여왕을 영국에서 추방시키려고 교황 피우스 5세를 이용했다. 로마 교황에 의해 이단으로 정죄되자, 예수회 회원들은 엘리자베스 전복 음모를 수차례 세웠다. 그들은 스코틀랜드 여왕 메리Mary를 영국 여왕으로 삼고자 했다. 그러나 그 음모는 실패하고 반역자 메리는 목숨을 잃었다. 메리는 재판에 회부되어 의회령에 의해 1587년 2월 8일 참수당했다. 다른 암살자들도 여왕의 목숨을 노렸다. 윌리엄 페리, 안토니 바빙턴, 로베르토 리돌피, 예수회원 캠피온과 패리슨 등이 계속 시도했지만, 이들 모두 실패했고 자신들의 목숨으로 보상해야만 했다.

하나님의 아들 예수 그리스도께서 엘리자베스를 보호하셨다. 부활하신 주님께서 여왕의 신실한 부하들과 그녀의 위대한 시종장관 에드워드 드 베레Edward de Vere, 옥스포드 제17 백작을 들어 쓰셔서 여왕의 생명을 구해주셨다. 에드워드 드 베레는 세상에서는 윌리엄 셰익스피어William Shakespeare로 알려져 있다. 이 구출은 여왕 개인의 순결함 때문이 아니라 영국 국민들의 기도와 영국 종교 개혁자들을 향한 그녀의 우호 정책 때문이었다.

이러는 동안 제수이트는 그 당시 유럽 최강의 강대국 스페인을 장악했다. 펠리페Felipe 2세가 국왕이었는데, 국왕을 통해 영국과 네덜란드의 종교 개혁을 파괴시키려 애를 썼다. 예수회 회원들은 펠리페 왕의 군사력으로 영국의 프로테스탄트들과 여왕을 일격에 없애버리려는 음모를 꿨다. 당대 최강의 해군이었던 스페인의 무적함대 아르마다Armada는 승리를 확신하면서 출발했다.[1]

20 전통이 진리가 된 교회

1588년 5월 29일, 전선_戰船_ 130척, 군인 3만 명 그리고 카톨릭 신부 180명이 개신교를 파괴하기 위해 스페인을 떠났다. 영국과 스페인의 전쟁은 누가 이겼을까? 하나님의 아들 예수 그리스도께서 간섭하기로 결심하셨다. 전능하신 주님의 손을 통해 영국이 승리했다. 바람과 파도가 영국을 위해 싸워주었다. 스페인은 배 51척과 일만여 명의 생존자들만 남았다. 영국은 227척 중 여덟 척만 침몰하고 70여 명이 죽었다.[2] 이것이 세계 4대 해전 중의 하나인 칼레 해전 Batalla de Calais 이다.

엘리자베스 여왕과 영국 국민들은 기도에 대한 응답으로 그토록 강한 구원을 허락하신 주 하나님께 감사했다. 1590년 『오델로』 2막 1장에서 윌리엄 셰익스피어는 유쾌하게 이 전쟁의 승리를 기록하고 있다. "여보게들, 소식이요. 이제 전쟁은 끝났어요. 맹렬했던 이번 폭풍이 터키 함대를 난타하여 그들의 시도는 중지되었어요. 베니스에서 귀한 사람들을 싣고 온 배 한 척이 대부분의 터키 함대가 당한 처참한 파손과 파괴를 보고 왔어요."

다시 말하지만 셰익스피어는 엄청난 부와 영광과 권력을 지닌 명문 가문에서 출생한 하나님의 사람이다. 실제 이름은 '에드워드 드 베레'이다. 사람들은 그를 극장을 운영한 평민 작가로 알고 있지만, 에드워드 드 베레는 왕의 가문과 맞먹는 붉은 기사단 the Red Night 출신의 옥스포드 제17 백작이다. 엘리자베스 여왕을 암살하려는 예수회의 음모를 폭로한 보복으로 예수회원들은 그의 이름을 훼손시켰다. 그때부터 윌리엄 셰익스피어 1546년~1614년 추정로 사람들에게 알려지게 되

01 셰익스피어와 엘리자베스 1세 여왕 21

에드워드 드 베레의 초상화   셰익스피어의 초상화

Edward de Vere, 1550 – 1604
"William Shakespeare" Seventeenth Earl of Oxford,
Lord Great Chamberlain to Queen Elizabeth I

The Renaissance Man of England, Dorothy and
Carlton Ogburn, (New York: Coward-McCann
Inc., 1955).

The Ashbourne Portrait of "Shakespeare," 1580s

This Star of England, Dorothy and Charlton
Ogburn, (New York: Coward-McCann Inc., 1952).

었다.³ 영국 수상 윈스턴 처칠은 셰익스피어를 인도^{India}하고도 바꾸지 않겠다 했다. 서기 2천 년, 대영 제국은 과거 천 년 역사에서 가장 중요한 인물로 셰익스피어를 선정했다. 그가 쓴 희곡들과 소네트에는 그가 직접 만든 5천 개의 영어 단어가 들어있다. 그 작품 속의 문장과 단어들이 권위역 킹제임스 성경을 위한 문학 기초에 공헌했다.⁴

기적과도 같이 엘리자베스 여왕은 45년을 통치하며, 영어권 최고의 성경인 킹제임스 권위역 성경과 해가 지지 않는 대영 제국을 위한 기초를 세웠던 것이다. 엘리자베스의 통치는 종교의 자유와 중산

층을 탄생시켰다. 역사는 흐른다.

　제헌 국회 때 국회의원 이윤영 목사의 기도로 국회를 시작했던 대한민국이 1950년 6월 25일 새벽 4시, 북한군의 기습 공격을 받았다. 민족상잔의 비극, 6·25전쟁이 발발한 것이다. 이승만 초대 대통령은 젊은 군인들을 '아이들'이라 불렀다. 다음은 대통령 부인 프란체스카의 『난중일기』에 나오는 대목이다. "전투는 계속되어도 어두운 소식뿐인 것 같다. 고열에 들떠 멍멍한 속에서도 대통령의 기도는 매일 밤 내 귓전에 울렸다. '오 하나님, 우리 아이들을 적의 무자비한 포탄 속에서 보호해 주시고 죽음의 고통을 덜어 주시옵소서. 총이 없는 아이들은 오직 나라를 지키겠다는 신념만으로 싸우고 있나이다. 당신의 아들들은 장하지만 희생이 너무 큽니다. 하나님, 나는 지금 당신의 기적을 기다리고 있습니다.' 대통령의 기도는 절규였다."[5]

　하나님은 이승만 대통령의 기도와 신실한 한국 성도들의 눈물의 기도를 들으시고 대한민국을 구원해 주셨다. 우리가 사악한 길에서 돌이키고 스스로 낮추고 하늘의 하나님께 기도하자. 그럴 때 하나님이 우리 민족을 용서하시고 위기에 처한 대한민국을 구원하실 것이다. 하나님은 엘리자베스 여왕과 영국 국민의 애타는 기도를 들으시고 영국을 구원하셨다. 그 하나님이 우리의 하나님이시다. 한국교회 지도자들과 성도들도 기도해야 한다. 이제 자유 대한민국을 위해 우리가 해야 할 일을 하자. 하나님이 하실 일은 그분이 하신다. 지금도 하나님의 역사는 흐른다.

02

기드온과 프랑스 혁명

세상을 뒤바꾼 중요한 세계사의 사건이 약 일만 건이라고 한다. 18세기와 19세기를 휩쓴 역사상 최대 사건은 무엇일까? 1790년 프랑스 혁명이다. 프랑스 혁명 이전에, 종교 개혁과 킹제임스 영어 성경 출간으로 교회가 살아나기 시작했다. 하지만 제대로 된 교회의 회복은 '프랑스 혁명' 이후이다. 어떻게 프랑스 혁명이 교회 회복의 시발점이 된 것일까?

프랑스 혁명French Revolution은 일반 세계사의 책 내용과는 달리 하나님의 크신 통치와 손길이 작용한 대사건이었다. 프랑스 혁명은 구舊 로마 카톨릭 봉건주의 제도를 완전히 무너뜨렸다. 그 혁명은 1830년부터 1848년까지 독일, 벨기에, 이태리, 폴란드 등으로 확산되어 유럽 전역에서 혁명의 불이 타올랐다. 무신론 군중들은 왕과 카톨릭 성직자들 그리고 귀족들의 재산을 몰수했다. 국왕을 참수하고 모든 귀족 계급들을 참수했다. 이 혁명으로 프랑스는 왕국에서 공화국이 되었다. 혁명 인민들은 하루에 수천 명씩 길로틴^{guillotine}이라는 단두대에서 귀족들의 목을 잘랐다. 단두대도 모자라서 선박에 구멍을 뚫고 반대자들을 태워, 바다에 침몰시켜서 죽였다.

1793년, 혁명은 절정에 이르러 12월 25일 크리스마스를 '개의 날'이라 불렀다. 카톨릭 신앙 서적을 불태우고 옛 로마의 이교신 축제를 열었다. 혁명 위원회의 지시로 '여신 숭배'와 '성^性 희롱 축제'를 열었다. 반^反종교법을 통과시켜 프랑스를 완전 무신론 국가로 만들어 버렸다. 이런 공포를 견디다 못해 일부 카톨릭 신부들은 수천 명이 모이는 집회를 열고 하늘의 하나님께 영광 아닌 영광을 돌리고, 순교 아닌 순교를 하기도 했다. 이 혁명은 유럽 전역으로 퍼져나가 종교의 자유를 부활시키고, 교황의 전제 지위를 깨뜨려서, 나폴레옹이 교황을 체포하는 데까지 이르렀다. 로마 교황은 이제 공포의 짐승 적그리스도가 아니라 힘없는 존재로 전락하고 말았다.

몇 년 후 교회는 혁명의 결과로 자유를 얻어 개신교의 부활이 시작되었다. 주님께서는 "칼을 가진 자는 칼로 망한다." 하셨는데, 프랑스 혁명은 어떻게 일어났을까? 사탄의 군대, 예수회가 1717년부터 1786년까지 '프리메이슨'을 장악하여 그 조직이 프랑스 혁명을 일으키게 했다. 혁명 위원회인 콤뮨^{Commune de Paris}은 회원들이 모두 프리메이슨 회원들이었다. 왜 예수회가 프랑스 혁명을 일으켰을까? 그 이유는 예수회가 교황과 유럽 군주들로부터 추방당한 복수를 하기 위해서 혁명을 일으킨 것이다.

예수회는 한때 이태리 반도 밑에 있는 코르시카 섬으로 쫓겨났었다. 그때 그 곳에서 소년 나폴레옹을 훈련시켰다. 나폴레옹을 앞세워서 자신들을 키워 주었다가 버린 로마 교황권에 복수를 한 것이다. 예수회는 1776년 독일 바바리아 일루미나티illuminati를 창설했다. 일루미나티의 로스 차일드Rothschild는 프리메이슨을 통해 프랑스 혁명에 자금을 지원하고 '나폴레옹 전쟁'도 지원했다.[6] 그리고 유럽 전체를 공략하는데 그때 근대 민족주의nationalism가 탄생했다. 근대 민족주의는 국가를 중심으로 한 민족주의이다. 민족nation이라는 단어는 창세기 10장에 처음으로 나오고 마태복음 28장과 사도행전 17장에도 나온다. 그러나 성경에 나오는 민족은 사람들people로 구성된 민족이다. 그래서 나폴레옹 이후의 민족과 성경의 민족은 다르다.

프랑스 혁명 인권 선언문에는 프리메이슨 문장이 인쇄되어 있다. 교황권 짐승이 개신교를 박멸하려고 만든 것이 예수회이다. 하나님은 예수회라는 칼에 짐승 자신이 찔리게 하셔서 심판을 하신 것이다. 왜냐하면 사탄도 하나님의 손 안에서만 활동하기 때문이다.[7] 그 시기에 하나님은 마지막 세상에 복음을 주시려고 1776년 7월 4일 미국을 독립시키셨다. 그 속에서 그리스도인들이 자유롭게 신앙생활을 하게 하셨다.

조심할 것이 있다. 마지막 때의 징조를 가늠할 수 있는 나침반은 흔히들 이스라엘이라고 한다. 아니다. 지금은 미국이 마지막 시대의 나침반compass이다. 이스라엘 시대의 나침반인 것은 구약 시대로 끝났다. 그런데 지금도 그렇다고 하는 것은 예수회가 만든 세대주에 속은 것이다. "이스라엘 민족 전체가 구원받을 때가 온다. 그래서 그리스도인들은 이스라엘의 회복을 위해 기도해야 한다."고 주장하며, 백 투 예루살렘Back to Jerusalem을 외치는 사람들은 성경을 다시 봐야 한다. 왜냐하면 신약 시대는 민족 전체가 구원받아 하나님께 돌아오는 일은 없기 때문이다. 한 사람 한 사람이 예수님을 구세주로 믿고 구원받는다.

안타깝게도 사탄의 집요한 공격으로 지금 미국은 로마 카톨릭 세력이 지배하고 있다. 그러나 바이블 벨트Bible Belt인 중·남부 지방에는 아직도 기독교가 왕성하게 살아 있다. 지금이나 옛날이나 전쟁의 신, 우리 주 하나님은 우리를 대신하여 싸우시고 영광 받으신다. 기드온의 300 용사들이 주 하나님의 명령대로 행하자, 주님께서는 미디안 군대가 각자 자기 칼로 자기 동료들을 찔러 죽이게 하신다. 마치 예수회와 프리메이슨을 통해 프랑스의 왕과 귀족과 로마 카톨릭 사제들을 심판하신 것처럼!

대한민국이 위기이고 기업들은 어렵고 가정들은 흔들리고 있다. 하지만 우리의 전쟁은 영들과의 전쟁이요 우리의 소망은 주 예수 그리스도이다. 우리는 선택된 세대요 왕가의 제사장들이요 특별한 백성이다. 우리는 주님이 피값으로 사신 교회이다. 그래서 사탄 마귀는 교회된 우리를 공격하는 것이다.[8] 그러나 우리가 누구인가? 우리는 속이는 자 같으나 진실하고, 이름 없는 자 같으나 유명하고, 죽은 자 같으나 우리가 살아 있으며, 징계를 받은 자 같으나 죽임을 당하지 아니하고, 슬퍼하는 자 같으나 항상 기뻐하고, 가난한 자 같으나

많은 사람을 부요하게 하고, 아무 것도 없는 자 같으나 모든 것을 소유한 자들이다.[9]

세상은 악한 자들이 득세하는 것 같고 잘 되는 것 같지만, 그들의 죄가 가득차면 주님이 심판하신다. 전쟁은 주님께 속한 것이기 때문이다. 우리 주님, 그분의 이름은 'Man of war' 전사이시다. 이 세상에 아무리 악이 관영하고 악이 승리하는 것 같아도, 우리 성도는 승리의 길로 가고 있다. 이이제이 以夷制夷 라는 말이 있다. 한 오랑캐로 또 다른 오랑캐를 통제한다는 뜻이다. 하나님께서는 사탄 마귀도 사용하시고 악한 세력들을 사용하셔서 또 다른 악한 것들을 심판하신다.

아마겟돈 전쟁은 벌써 시작되었다. 예수회와 그 밑에 있는 악한 세력들이 교회와 복음을 핍박하는 전쟁이 '아마겟돈 전쟁'이다. 그러나 우리는 계시록에 나오는 필라델피아 교회처럼 누리고 행하자. 필라델피아 교회는 작은 힘을 가지고도 주님의 말씀을 지키고 주님의 이름을 부인하지 않았다.[10] 기드온의 300 용사처럼 주님께서 우리에게도 승리를 주시기를 소망한다. 주님 가신 그 옛길을 따라가면 주님이 행하시고 지키신다.

03
하나님 나라와 세상 나라가 충돌할 때[11]

"자신이 절대 옳다고 믿는 것이 종말의 시작이다." 소설 페스트 La Peste에서 알베르 카뮈가 한 말이다. 2017년 5·9 장미 대선이 끝난 후부터 좌파 우파의 사상 대립이 심화되었다. 촛불 집회와 태극기 집회로 가시화 되었다. 좌·우파의 날카로운 대립이 지금 대한민국을 불편하게 하고 있다. 민족 공동체를 갈라놓고 있다. 사람은 누구나 자신이 옳다고 믿는 대로 행동할 자유가 있다. 하지만 자신이 생각하는 것만이 절대 옳다고 믿을 때 다른 사람을 받아들일 수가 없다. 분열이 시작되는 것이다. 다름은 틀림이 아닌데도 말이다.

공동체를 좌파 우파로 나누는 분위기가 교회 안에까지 번지고 있다. 개인의 정치 성향을 말하는 것이 아니다. 교회 안에 세상 철학과 가치관이 들어오게 되면 교회는 세속화된다. 분열이 일어난다. 충돌이 일어난다. 세상 철학과 교회 가치관이 충돌할 때 그리스도인은 어떻게 해야 할까? 하나님 나라^(the kingdom of God)와 세상 나라^(the kingdom of the world)가 충돌할 때 어느 편에 서야 하는가? 이럴 때 흔히들 로마서 13장 1절을 인용한다. "모든 사람은 더 높은 권세들에게 복종하라. 이는 하나님께로부터 나지 않은 권세는 없으며, 모든 권세는 하나님께서 정하셨기 때문이라." 많은 그리스도인들이 로마서 13장을 기억하면서 그리스도인도 이 세상 시민이니까 두 나라가 충돌할 때는 세상 나라의 법과 권세를 따라야 한다고들 한다. 과연 그럴까? 정말 성경이 그렇게 말하고 있는 것일까? 아니다. 하나님 나라와 세상 나라가 충돌할 때 우리는 하나님 나라를 택해야 한다.

예수님은 자신의 나라가 이 세상에 속하지 않는다 하셨다.[12] 이것은 이 땅 위에 두 개의 나라가 있다는 뜻이다. 이 세상 나라와 하나님 나라이다. 사실 하나님 나라는 하나님 왕국^(kingdom)이라 해야 한다. 왜냐하면 나라에는 왕이 있을 수도 있고 없을 수도 있지만 왕국에는 왕^(king)이 있기 때문이다. 영어 성경도 kingdom^(왕국)으로 되어 있다. 익히 알고 있는 하나님 나라로 계속해보자. 이 두 나라에는 다른 두 왕들이 있다. 세상의 왕들과 예수 우리 왕이시다. 우리 그리스도인은 두 나라 안에 살고 있기에 일단은 두 나라에 다 복종해야 한다. 예수님은 세금 문제를 이렇게 말씀하셨다. "가이사의 것들은 가이사^(Caesar)에게, 하나님의 것들은 하나님에게 바치라." ^(마 22:21) 로마 제국이 그 당시 유대인들이 살았던 세상 나라였다. 예수님은 가이사의 것들은 가이사 나라에 바치고, 하나님의 것들은 하나님 나라에 드리라 하셨다. 하지만 한국 정부와 일본 정부가 분리돼야 하는 것처럼 하나님 나라와 세상 나라는 분리돼야 한다. 하나님 나라는 교회와 복음으로 드러난다.

하나님 나라는 하나님의 통치가 미치는 모든 영역이다. 이 땅에서 하나님 나라는 교회church로 나타나고 세상 나라는 정부government로 나타난다. 이 둘은 별개의 나라이다. 교회는 정부의 일에 상관하면 안 되고, 정부도 교회의 일에 간섭하면 안 된다. 왜냐하면 이들은 서로 다른 통치자에 의해, 서로 다른 가치관에 따라, 서로 다른 사상으로 운영되기 때문이다. 여기에서 두 개의 큰 위협이 나온다. 하나는 국가가 교회를 주관하는 것이고, 다른 하나는 교회가 국가를 주관하는 것이다.

성경에 위배되는 이런 위험을 실현하는 두 가지 사상이 있다. 공산주의communism와 카톨릭주의catholicism가 그것들이다. 공산주의는 국가가 교회를 완전히 주관하는 것이다. 카톨릭주의는 교회가 국가를 완전히 주관하는 것이다. 이 두 사상은 똑같이 위험하다. 둘 다 세상 나라와 하나님 나라를 하나가 되게 하려고 힘쓴다. 이것을 정교일치concordat라 한다. 성경은 정교일치를 절대 금하고 있다. 이 둘은 서로 다른 나라이기에 하나가 돼서는 안 된다. 정교일치政敎一致만큼 무서운 게 극단이다. 극좌파와 극우파는 안 된다. 다시 말해서 공산주의와 국수주의chauvinism는 허용하면 안 된다. 민족 공동체와 교회가 무너질 수 있다.

정부와 교회는 각자 자기의 권위 영역이 있다. 정부가 국민들을 위해 해야 할 일은 무엇인가? 크게 세 가지가 있다. 사람의 기본 권리를 포함해 국민의 생명을 보호하는 것이다. 그리고 국민의 재산을 보호하고 국민의 자유를 보호하는 것이다. 교회가 할 일은 무엇인가? 교회는 이 세상 나라의 간섭 없이 복음을 전파하고 지역 교회를 통해 하나님의 일을 해야 한다. 그러기에 우리 그리스도인은 정부와 교회, 둘 다 존중해야 한다. 하지만 세상 나라와 하나님 나라는 서로 얽혀서도 안 되고 섞여서도 안 된다.

여기서 다시 권세들에 대한 문제로 가보자. 우리는 항상 정부에 복종해야 하는가? 성경은 그렇게 말하지 않는다. 로마서 13장은 권세가 복수로 되어 있다. 위에 있는 권세들 powers 은 하나님께로 난 것들이다. 권세가 높으면 높을수록 그만큼 더 많이 복종해야 한다. 하나님께서 이 모든 것을 정하셨기 때문이다. 주 하나님이 가장 높으신 분이기 때문에 우리의 주된 충성과 복종은 그분께 드려야 한다.

하나님께서는 우리가 악을 행하지 않도록 다른 권세들을 세우셨다. 대통령, 도지사, 시장, 검찰청, 경찰청 등을 가지는 것은 잘못된 게 아니다. 하지만 이들은 모두 하나님보다 낮은 권세들이다. 위정자들과 하나님 사이에서 갈등할 때 하나님이 우리의 가장 높은 권세 power 이시다. 그리스도인은 가장 높으신 분께 충성해야 한다. 다른 어떤 권세가 가장 높으신 하나님과 부딪치지 않을 때, 우리는 그 다른 권세들에게도 복종해야 한다. 이것이 성경 말씀이다.[13] 만약 차별금지법이나 평등법 같은 것들이 통과되어, 나가서 구령하지 못하게 하더라도 그래도 우리는 나가서 복음을 전파해야 한다. 우리는 더 높은 하나님의 법을 지켜야 한다. 말씀대로 하자는 것이다. 우리를 감

옥에 넣으면 우리는 간수에게 복음을 전할 것이다. 이것이 사도 바울이 한 일이다.[14]

다니엘은 매일 정해진 시간에 정해진 방식으로 기도했다. 대적자들이 다니엘이 그렇게 하지 못하도록 한 법을 통과시켰다. 다니엘은 알면서도 죽음을 무릅쓰고 그 법을 어겼고, 사자 굴에 던져졌다. 우리의 다니엘은 가장 큰 권세에 먼저 복종했고, 더 낮은 권세는 그 다음이었다. 결과는 우리가 익히 아는 바다. 하나님이 다니엘을 살리시고 높이셨다. 다니엘의 복종을 통해 하나님이 영광을 받으셨다. 하나님 나라의 법과 세상 나라의 법이 정면으로 충돌할 때 우리 그리스도인은 세상 나라의 법보다 하나님 나라의 법에 먼저 복종해야 한다. 세상 나라는 하나님 나라에 반(反)하는 어떤 법도 만들 권리가 없다. 오직 하나님 나라만이 우리가 하나님의 일을 어떻게 할 것인지 명령할 권리가 있다.[15]

하나님 나라에는 좌파도 우파도 없다. 교회 안에도 그렇다. 그리스도인은 좌파와 우파를 넘어 예수파가 되어야 한다. 세상 나라와 세상 나라의 가치관이 아무리 그럴듯해도 우리는 하나님 나라와 그 가치관을 따라야 한다. 그리스도로 옷 입은 우리들, 나라가 어지럽고 위기에 처할수록 좌고우면(左顧右眄)하지 말고 하나님 나라의 법으로 옷 입자. 그리고 주님과 제자들이 걸어 간 그 옛길을 함께 걸어갔으면 한다. 우리 조국 대한민국을 놓고 기도한다. 대한민국을 걱정하는 이 땅의 그리스도인들과 함께 기도한다.

04

소금 언약과 대한민국[16]

영화 〈범죄의 재구성〉 마지막에 주인공 염정아가 내뱉은 소리다. "그 사람이 무엇을 두려워하는 줄 알면 그 사람에게 사기 칠 수 있지." 두려움과 사기는 동전의 양면인가 … 뒤섞여 있는 진실과 거짓에 대한 두려움으로 대한민국이 사기를 당한 기분이다. 나라 전체가 두려움과 몸살을 앓고 있다. 신문과 뉴스를 보면 위증, 무고, 사기 같은 범죄 용어들이 넘치고 있다. 한국 사회의 부정과 부패 그리고 도덕의 타락은 그 끝이 어디일까. 많은 그리스도인들도 대동소이하다. 우리 그리스도인들은 무엇을 두려워하는가? 무엇에 속는가? 우리는 한국 사회의 이런 현실에 어디까지 책임이 있을까?

다른 말로 해보자. 그리스도인이 남녀노소와 직업을 불문하고 내 조국 대한민국을 사랑하면서 동시에 신앙생활을 잘 할 수 있을까? 그러려면 나라가 구원을 받아야 한다. 한 나라가 구원받는다는 말은 그 나라 모든 국민이 다 예수님을 믿는다는 뜻이 아니다. 이것은 한 나라가 장차 올 멸망과 하나님의 진노에서 구출 받아 죄가 용서되고 땅이 고침을 받는 것을 말한다. 한 나라의 구원을 이해하기 위해서 먼저 '소금 언약'의 의미를 알아보자.

소금 언약a covenant of salt은 원래 두 사람 사이에 깰 수 없는 우정의 언약을 맺을 때 하는 언약이다. 성경에서 소금은 의식과 제사에 중요한 역할을 했다. 구약의 모든 헌물에는 소금이 들어가야 했다.[17] 이 소금 언약은 영원한 언약이었다.[18] 주 하나님은 자신의 백성과 영원히 파기할 수 없는 한 언약a covenant을 맺을 것이다. 하지만 주 하나님이 이런 언약을 맺으시는 데는 두 가지 전제 조건이 있다.

첫째, 그 나라에 충분한 소금이 있어야 한다. 둘째, 그 소금이 맛을 잃지 않아야 한다. 다시 말해서 하나님은 한 나라가 부패를 방지하기에 충분한 만큼의 소금을 가지고 있지 않으면 어느 나라와도 언약을 맺지 않으실 것이다. 하나님이 찾고 계시는 이 땅의 소금이 누구인가? 신실한 그리스도인이다. 소금이 맛을 낸다는 것은 무슨 뜻인가? 그리스도인이 의로운 삶을 사는 것을 말한다.[19]

아브라함이 하나님 앞에서 소돔성의 구원을 간청했을 때, 하나님은 열 명의 의인을 요구하셨다. 열 명의 소금 성도만 있으면 소돔을 구원하시기로 동의하신 것이다. 어느 도시나 나라에 바른 관리들이 선출됐다고 해서 그 도시나 나라가 하나님 앞에서 구원을 얻는 것은 아니다. 그뿐만 아니라 한 나라의 문제들이 해결되는 것은 하나님의 백성들이 활발하고 폭넓게 정치 문제에 참여하는 데 있지 않다. 물론 이것은 그리스도인이 정치가가 되지 말라는 뜻이 아니다. 직업이 정치가가 아닌 그리스도인들이 정치 문제에 적극 참여한다고 해서 나라의 문제가 해결되는 것은 아니라는 것이다.

그렇다면 우리 그리스도인은 무엇을 해야 하나? 나라의 부정부패를 보면서, 도덕의 타락을 보면서, 자포자기하거나 수수방관해야 하는가? 그도 저도 아니다. 우리 신앙인이 할 일은 이것이다. 주님의 명령대로 혼을 이겨오고, 가정에서 직장에서 삶의 현장에서 정결한 삶을 살아내고, 그 삶을 전파해야 한다. 성경에서 구원은 하나님의 일이고 복음 전파는 사람의 일이다. 흔히들 영혼 구원이라고 하는데 사람이 영혼을 구원할 수 있는 건 아니다. 사람은 복음을 전파하여 혼을 이겨오는 일을 하는 것이다.[20] 내가 혼을 이겨오고 내가 깨끗한 삶을 사는 소금이 돼야 한다는 말이다. 하나님이 우리나라에 정해 놓으신 소금의 수가 있을 것이다. 각 도시에도 있을 것이다. 하나님께서 이 땅의 구원을 위해 정해 놓으신 수數가 있다. 소금의 맛을 잃지 않은 소금 성도가 충분히 있으면 하나님은 대한민국과 '소금 언약'을 맺으실 것이다.

그리스도인도 대한민국 국민이기에 투표를 해야 한다. 시민으로서, 국민으로서, 선거를 통해 대통령과 지도자들을 뽑아야 한다. 그리고 우리가 뽑은 지도자들을 위해 기도해야 한다. 또 그리스도인은 투표를 바르게 하도록 어느 정도는 다른 사람들에게 영향을 미치기도 해야 한다. 그렇지만 조국 대한민국이 구원을 받으려면 전능하신 하나님이 직접 개입하셔야 한다. 이 나라의 유일한 희망은 그리스도인들은 열심히 복음을 전파하고 나라의 지도자들은 정직하고 경건한 삶을 사는 데 있다. 그럴 때 하나님은 우리들과 소금 언약을 맺으셔서 이 나라를 구원하실 것이다. 이 땅을 고쳐주실 것이다. 고대에는 전쟁에서 한 성이 함락되면 정복자는 마지막에 맛을 잃은 소금을 뿌려서 그 성을 파괴하는 일을 마쳤다.[21] 얼마나 의미 있는 상징인가!

결국 한 나라가 구원받기 위한 것은 무엇일까? 답은 역대하 7장 14절에 있다. "만일 내 이름으로 불리는 내 백성이 스스로 낮추고 기도하며 내 얼굴을 찾고 그들의 사악한 길에서 돌이키면 내가 하늘에서 듣고 그들의 죄를 용서하며 그들의 땅을 고치리라." 동성애자들이 바로 살고 술꾼들이 정신을 차린다고 나라가 구원을 받는 게 아니다. 소금의 맛을 내는 그리스도인들이 충분히 있을 때 하나님이 우리나라와 소금 언약을 맺으심으로 한국이 구원받을 것이다. 한국 땅을 고쳐주실 것이다. 맛을 내는 소금이 되는 것이 최고의 애국이요 최상의 신앙생활이다. 그러므로 우리는 거룩한 생활을 해야 하고 구별된 삶을 살아야 한다. 한마디로 소금 성도가 되어야 한다. 그럴 때 하나님께서 하늘에서 굽어보시고 우리의 죄를 용서하시고 이 땅을 고쳐주실 것이다.

문제의 해답은 정치에 있지 않고 교회에 있다. 경제에 있지 않고 소금된 우리에게 있다. 바른 문화 전파에 있지 않고 예수 그리스도를 전파하는 데 있다. 나라의 구원은, 민족의 정결은, 사회 제도에 달려 있지 않다. 정치 개혁에 달려 있지도 않다. 한국이 구원받으려면 하나님이 행하셔야 한다. 우리가 충분한 수의 사람들을 그리스도께 인도해야 한다. 그들 중에서 거룩한 삶을 사는 사람들이 충분히 나와야 한다. 그때, 생명의 빵이신 하나님이 세상의 소금인 자기 백성을 만나실 것이고 소금과 빵이 섞여서 소금 언약을 맺을 것이다.

하나님의 심판의 손이 대한민국에 내리지 않기를 간절히 소망한다. 하나님이 복음과 거룩을 선포하는 목사와 성도들을 이 땅에 충분하게 세워주시기를 소망한다. 이렇게 고백하자. "하나님, 제가 먼저 맛을 내는 소금이 되겠습니다. 복음 전파에 앞장 서겠습니다. 제가 먼저 깨끗하고 거룩한 삶을 살겠습니다. 여기에 내 모든 소망을 걸겠습니다." 하나님, 어지럽고 혼탁한 시대를 사는 우리를 구원하소서. 이 땅을 고쳐주소서!

05

한민족 기원의 비밀, 아리랑 (1)

　현재에 매몰되어 살아가는 것이 우리 현대인들이다. 역사는 과거다. 하지만 과거를 모르면 현재도 없다. 왜냐하면 역사는 과거와 현재의 대화이니까. E. H. 카^{Carr}가 한 말이다. 역사는 무엇일까? 역사는 영어로 'history'이다. 히스토리는 '알아야 현명하게 되는 이야기'를 뜻한다. 지나간 역사를 토대로 현재를 볼 수 있어야 미래로 나아갈 수 있다. 흔히들 한국 불교와 유교는 토속 종교이고 한국 기독교는 외래 종교라고 알고 있다. 현대 한국 기독교만 보면 그렇게 말할 수 있다. 그러나 고대 역사를 연구하면 그렇지 않다. 한민족은 하나님을 섬겼다. 놀랍게도 고대 국가 가야는 세계 최초의 기독교 국가였다. 우리 한민족이 과거에 어떻게 하나님을 섬겼는가를 알면 마지막 시대를 살아가는 우리의 신앙을 다시 한번 정립할 수 있을 것이다.

우리 한민족은 어디에서 왔을까?

　지금부터 약 4,200년 전, 지구에 대홍수가 있었다. 그때 살아남은 사람은 8명이었다. 노아와 세 아들 그리고 그 아내들이다. 예로부터 중국은 한민족을 동이족이라 불렀다. 우리 조상 동이족이 한자^{漢字}를 만들었다.[22] 동이족이 만든 한자어는 창세기의 비밀을 간직하고 있다. 한자 배 선(船)자를 풀면 배 주^{舟}, 여덟 팔^{八}, 입 구^{口} 이다. 최초의 배에 탄 여덟 명만이 살아 남았다는 뜻이다. 홍수가 끝난 후 최초의 배, 방주$^{the\ ark}$는 터키 아라랏산 중턱에 정착했다.[23]

　노아의 아들은 셈과 함과 야벳이다. 셈을 황인종, 함을 흑인종, 야벳을 백인종이라 부르는 것은 진화론의 영향이다. 인종^{race}이라는 용어 자체가 진화론에서 나온 것이다. 그냥 범박하게 셈족, 함족, 야벳족이라 하자. 노아의 홍수 이후에 사람들이 홍수를 피하려고 만든 탑이 바벨탑$^{The\ Tower\ of\ Babel}$이다. 시도 자체가 하나님을 대적하는 것이다.

　바벨탑 이전까지는 모든 인류가 하나의 언어를 쓰고 있었다.[24] 바벨탑 이후에는 하나님이 언어를 수만 가지로 혼잡케 하셨다. 한자어 탑(塔)을 풀면 합할 합^{合}, 흙 토^{土}, 풀 초^{草}이다. 합^{合}을 풀면 사람 인^{人}, 한 일^{一}, 입 구^{口} 가 된다. 합^{合}은 최초 인류의 말이 하나였다는 뜻이다. 사람들이 벽돌^{土} 을 가지고 탑을 만들자 하나님이 흩으시고 그 위에 잡초만 남겨 놓으셨다. 이것이 바벨탑이다.[25] 하나님의 저주를 받아 잡초만 남은 탑을 보여주는 것이다.[26] 사람들은 왜 바벨탑을 쌓았을까? 하나님이 주신 '무지개 언약'을 불신했기 때문이다.[27]

고대 한국인인 동이족[東夷]은 큰 활을 잘 쏘는 민족이었다. 대홍수 이후 한국인의 선조들은 동방으로 이동했다. 동방 산악 지대들을 통과하면서 생명을 위협하는 야생 동물과 수없이 싸워야 했다. 활을 잘 쏠 수밖에 없었다. 최초의 한국인 선조들이 동방으로 이동하기 전까지, 동쪽 지역에는 사람이 살지 않았다. 그래서 활은 방어용 무기로만 사용했다. 활은 노아의 '무지개 언약'과 관련이 있다.[28]

무지개는 영어 성경에 보우[bow]로 되어 있고 히브리어로는 케쉐트 קשת이다. 케쉐트[qesheth]는 활이라는 뜻이다. 다시 말해서 무지개와 활은 같은 뜻이다. 모양도 닮았지 않은가. 한국인의 직계 선조인 '욕단'과 그 후손인 욕단 족속은 아라랏 산정에서 드린 노아의 제사와 무지개 언약을 잘 알고 있었다.[29] 고대 한국인에게 활은 전쟁 무기나 사냥 도구가 아니라 은혜와 평화를 상징했던 것이다.

고대 한국인들은 무지개 언약을 믿고 기리던 거룩한 백성이었다. 한국인의 선조들이 '무지개 언약'을 기억하고 있었다는 언어학 증거가 있다. 무지개는 '물지게'에서 나왔다. 물지게는 '물 + 지게'인데, 지게는 '문'이라는 뜻이다. 그렇다면 무지개는 '하늘에 걸린 물로 만든 문'이라는 뜻이다. 우리와 같은 종족인 몽골인들은 예로부터 한국을 '솔롱고스의 나라'로 불렀다. 솔롱고스[solongos]는 몽골어로 '무지개'라는 뜻이다.

셈의 후손들, 동쪽으로 이동하다.

노아의 아들은 셈, 함, 야벳이다. 이 중 누가 형일까? 보통은 셈을 장자로 알고 있다. 성경은 야벳이 장자라고 말씀한다. 나이순으로 하면 '야벳, 함, 셈' 순서이다. 그래서 창세기 10장은 나이순으로 연대기가 펼쳐진다.[30] 그런데 왜 성경은 막내 아들 셈이 항상 앞에 나올까? 믿음의 계보에서 보면 셈이 장자이기 때문이다. 야벳이 형이고 셈이 동생인 것은 창세기 10장 21절이 증거한다. "셈은 에벨의 모든 자손의 조상이요 형 야벳의 동생인데, 그에게도 자손이 태어났더라."[31] 셈은 '명성', '영광'이라는 뜻이기에 셈은 하나님의 명성이요 영광이다. 결론으로 셈은 나이로는 막내이지만 하나님께서 선택한 믿음의 장자이다.

셈의 고손자玄孫가 욕단이다.[32] 욕단Joktan이 바로 우리 한국인의 고대 직계 조상이다. 세월이 흘러 니므롯이 세운 왕국이 셈의 아들들을 공격하고 핍박하자, 히브리인의 조상인 에벨이 왕국을 세워 대항하다가 망한다. 이후에 땅이 나뉘어졌다.[33] 시간이 흐른 후에 형 벨렉은 시날 평지에 남고 동생 욕단은 동쪽으로 이동한다. 벨렉Peleg의 후손들이 서부 히브리인이 되고 욕단의 후손들이 동부 히브리인이 되었다. 욕단의 후손들이 지금의 우리 한민족이다. 욕단족은 아라랏산the mountains of Ararat을 넘어 멀고 먼 동쪽으로의 여행을 시작한다.

히브리어로 하나님은 엘EL이다. 엘의 어원은 알(올)이다.[34] 아라랏의 아시리아어는 우라르투Urartu이고 우라르투는 '아르메니아'의 옛 이름이다. 아르메니아는 알뫼니아에서 나왔고 '알뫼'는 '하나님의 산'이라는 뜻이다. 아라랏은 터키어로 '아르'이다. 아르는 '알'에서 나온 것이다. 고대에 '올'이 하나님의 이름이었던 놀라운 증거가 있다. '메아리'이다.

산에 산에 산에는 산에 사는 메아리 언제나 찾아가서 외쳐 부르면 반가이 대답하는 산에 사는 메아리 벌거벗은 붉은 산엔 살 수 없어 갔다오 산에 산에 산에다 나무를 심자 산에 산에 산에다 옷을 입히자 메아리가 살게 시리 나무를 심자

'메아리'의 어원은 '뫼알이'이다. '뫼알이'는 '뫼의 알'인데, 산의 신[神]이라는 뜻이다. '산의 신'은 아라랏산에 계신 하나님을 의미한다. '사나이'는 '산 + 아이'인데, '산에서 내려온 하나님의 자녀'라는 뜻이다. 산에서 내려온 하나님의 자녀 욕단족이 벨렉족을 남겨 놓고 아라랏산을 넘어 동쪽으로 떠나갔다. 그때 불렀던 이별의 노래가 '아리랑'이다.

아리랑 아리랑 아라리요 아리랑 고개로 넘어간다
나를 버리고 가시는 님은 십 리도 못가서 발병 난다

아리랑 아리랑 아라리요 아리랑 고개로 넘어간다
청천 하늘엔 잔별도 많고 우리네 가슴엔 수심도 많다

아리랑은 '알 + 이랑'인데, 하나님과 함께[with God]라는 뜻이다. '고개를 넘어간다'는 무슨 뜻일까? 고대 한민족이 이란 고원을 지나 파미르고원을 넘어, 천산 산맥[텐산 산맥]과 알타이 산맥을 넘어 갔다는 뜻이다. '파미르'는 한국어 '파마루'에서 왔는데 '파마루'는 '파가 많이 자생하는

산미루'라는 뜻이다. 이것은 고대 한민족이 파미르 고원을 넘어 왔다는 고고학 증거이다. 알타이 산맥을 넘은 고대 한민족은 바이칼^{불하알} 호수를 지나 한붉산에 도달했다. '한붉산'은 태백산太白山인데 지금의 백두산白頭山이다. 백두산 산정에서 우리 배달민족은 하나님께 천제天祭를 드렸다.

우리 고대 조상들이 그 많은 고개를 넘고 넘어 동쪽으로 올 때, '아리랑'을 부르면서 온 것이다. 아리랑 노래에서 '나를 버리고 가시는 님'은 하나님을 배척하는 무리나 하나님을 떠난 사람들을 말한다. '십 리도 못가서 발병난다'는 하나님을 떠난 사람들이 다시 하나님에게 돌아오라는 애끓는 마음을 담고 있다. 아리랑에는 이렇게 경천애인敬天愛人 사상이 들어 있다. 아리랑은 우리 민족의 노래이기에 전국 곳곳에 186 종류의 아리랑이 퍼져 있다. 그 곡조가 빠르든 느리든 모든 아리랑은 다 애절함과 한恨을 품고 있다. 그 대표곡이 강원도 아리랑이다.

> 아리 아리 쓰리 쓰리 아라리요 아리 아리 고개로 넘어간다
> 아주까리 정자는 구경자리 살구나무 정자로만 만나보세
> 아리 아리 쓰리 쓰리 아라리요 아리 아리 고개로 넘어간다
>
> 열라는 콩팥은 왜 아니 열고 아주까리 동백은 왜 여는가
> 아리 아리 쓰리 쓰리 아라리요 아리 아리 고개로 넘어간다
>
> 아리랑 고개다 주막집을 짓고 정든 님 오기만 기다린다

아리 아리 쓰리 쓰리 아라리요 아리 아리 고개로 넘어간다

고대 아리랑은 고려 가요 '가시리'로 흘러 간다

가시리 가시리잇고 바리고 가시리잇고
날러는 엇디 살라하고 바리고 가시리잇고
잡사와 두어리마나난 션하면 아니올셰라
셜온님 보내옵나니 가신난닷 도셔 오쇼셔

다시 김소월의 '진달래꽃'으로 이어진다.

나보기가 역겨워 가실 때에는 말없이 고이 보내드리오리다
영변의 약산 진달래꽃 아름따다 가실 길에 뿌리오리다
가시는 걸음걸음 놓인 그 꽃을 사뿐히 즈려밟고 가시옵소서
나보기가 역겨워 가실 때에는 죽어도 아니 눈물 흘리오리다

한민족 기원의 비밀,
아리랑 특강 영상 보기

06

한민족 기원의 비밀, 아리랑 (2)

역사는 과거와 현재의 대화가 아니던가. 우리가 누구인가를 알기 위해 다시 한번 과거로 가보자. 우리 한민족의 고대사 중에 놀라운 게 있다. 고대 이스라엘 민족과 고대 한민족이 한 형제였다는 것이다. 놀랍지 않은가?

아담 이후에 세계 역사가 새롭게 시작된 것은 노아 홍수부터이다. 노아 홍수에서 살아남은 남자는 노아와 노아의 세 아들 셈, 함, 야벳이다. 셈도 함도 야벳도 계속해서 아들 딸을 낳았다. 세월이 흘러 셈이 고손자를 낳았다. 셈의 고손자가 벨렉과 욕단이다. 형 벨렉은 고대 서부 히브리인의 조상이 되고 동생 욕단은 고대 동부 히브리인의 조상이 되었다. 세월은 또 그렇게 흘러 벨렉족 후손은 유대인(이스라엘)이 되고 욕단족 후손은 한민족(대한민국)이 되었다. 고대 이스라엘과 고대 한민족이 한 형제인 증거들이 많이 있다. 1988년, 서울 올림픽 때

내한했던 히브리 대학 베냐민 슐로니 박사의 논문과 또 다른 학자들의 글에 잘 정리되어 있다.

첫째, 이스라엘의 인사는 '샬롬'이고 한국의 인사는 '안녕하세요'인데 둘 다 평안^{peace}을 의미한다. 전 세계에서 인사말을 평안이라고 하는 나라는 이스라엘과 한국밖에 없다. 둘째, 히브리어, 한국어, 아람어는 오른쪽에서 왼쪽으로 글을 쓴다. 한국어가 왼쪽에서 오른쪽으로 글을 쓴 지는 오래 되지 않았다.

셋째, 두 민족 다 모자를 쓰는 습관이 있었다. 우리 민족은 옛날에 방에서도 모자를 썼다. 유대인도 모자를 썼는데 지금은 키파^{kippa}를 쓴다. 유대인들은 군에 가도 철모 안에 키파를 꼭 쓸 정도로 모자를 즐겨 쓰는 민족이다.

넷째, 흰 옷이다. 한국은 예로부터 '백의민족'이라는 별명이 있을 정도로 흰 옷을 즐겨 입었다. 유대인은 하얀 세마포를 즐겨 입었다. 세마포 흰 옷은 '예수 그리스도로 옷 입었다.'는 것을 의미한다. 이것은 예수 믿고 구원받은 것을 말한다. 재림과도 관련이 있다.[35]

다섯째, 장례식이 닮았다. 장례식 때 유대인은 굵은 베옷을 입고 통곡을 했다. 한국도 베옷을 입었는데 거기에 대신 울어주는 대곡^{代哭} 풍습까지 있었다. 여섯째, 언어이다. 한국어 '아빠'는 아람어 압바^{Abba}이고 '아비'는 히브리어로도 아비^{Abi}이고 '에미'도 똑같이 에미^{Emi}이다. 언어의 증거는 이 외에도 많이 있다.

일곱째, 우리 겨레의 꽃이요 꽃 중의 꽃은 '무궁화'이다. 동요에도 나온다. 무궁화 무궁화 우리나라 꽃 삼천리 강산에 우리나라 꽃. 다음 노래 "꽃 중의 꽃"은 많은 가수들이 불렀다. 유행가로 알고들 있지만 이 노래는 국민가요였다.

꽃 중의 꽃 무궁화 꽃 삼천만의 가슴에 피었네 피었네 영원히 피었네
백두산 상상봉에 한라산 언덕 위에 민족의 얼이 되어 아름답게 피었네

별 중의 별 창공의 별 삼천만의 가슴에 빛나네 빛나네 영원히 빛나네
이 강산 온 누리에 조국의 하늘 위에 민족의 꽃이 되어 아름답게 빛나네

시리아에서 온 꽃 무궁화
https://forum.blackdesertm.com/Board/Detail?boardNo=56&contentNo=367181

1986년 경북 영풍군 분처 바위에서 야소화왕耶蘇花王이라고 새겨진 글자가 발견되었다. '야소'는 한자나 중국어에서 '예수'를 뜻한다. 중국어 성경에서는 예수를 '야소'라고 한다. 화왕花王은 '꽃 중의 꽃'이라는 뜻이다. 꽃 중의 꽃은 바로 무궁화가 아닌가. 이 내용은 유우식의 '고구려 석조 유적에서 발견된 고대 기독교 자료'에 나와있다. 학자들은 꽃 이름을 라틴어 학명으로 쓰는데 무궁화는 히비스쿠스 시리아쿠스 Hibiscus Syriacus 이다. 이것은 '시리아에서 온 꽃'이라는 뜻이다. 고대 시리아는 오늘날의 시리아, 레바논, 이스라엘을 포

함한다. 무궁화無窮花는 이스라엘이 있는 지중해 연안과 한국 땅에 집중해서 피어 있다. 이것은 고대 이스라엘과 한민족이 한 형제였다는 또 다른 증거다. 놀라운 것은 욕단족의 동쪽 이동 경로를 따라 무궁화 꽃이 피어 있다는 것이다. 이것은 우리 한민족의 조상들이 수많은 고원을 넘어 동쪽으로 이동했다는 것을 보여주는 증거다.

무궁화는 영어 성경에 'the Rose of Sharon'으로 나와 있다. '샤론의 장미'라는 뜻인데 장미는 영어권에서는 꽃의 대명사이다. 그래서 무궁화는 '샤론의 꽃'이다. 성경 아가서 2장 1절은 증거한다. "나는 샤론의 장미요 골짜기의 백합이로다." 여기서 '나'는 주 예수 그리스도이다. 종합하면 샤론의 꽃 무궁화는 주 예수 그리스도를 상징한다. 무궁화는 영원한 꽃이기에 영원하신 예수 그리스도를 나타내는 것이다. 찬송가 89장의 가사가 놀랍다. "샤론의 꽃 예수 나의 마음에 거룩하고 아름답게 피소서 … 예수 샤론의 꽃 나의 맘에 사랑으로 피소서." 예수님은 샤론의 꽃이요 샤론의 꽃은 무궁화이다.

여덟째, 제사이다. 특별히 산정 제사를 많이 드렸다. 산정 제사는 산 정상에서 드리는 제사를 말한다. 산정 제사는 고대 한국인의 신앙이었다. 고대 한민족은 아라랏산을 넘어 이란 고원을 지나 파미르 고원을 넘고, 천산 산맥과 알타이 산맥을 넘어 바이칼호를 지나 지금의 백두산까지 왔다. 이것을 파헤친 책이 김병호 박사의 역작, 『멀고 먼 힌두쿠시』이다. 이 많은 산맥과 고원을 넘어오면서 우리 한민족의 조상들은 가는 곳마다 무궁화를 심어 놓고 산에서는 천제를 드렸다. 우리 민족이 하늘에 계신 하나님께 제사를 드렸다는 또 하나의 중요한 증거가 고인돌이다. 돌 두 개 위에 큰 돌 하나를 덮은 '제단'이 '고인돌'이다. 고인돌dolmen은 '지석묘'가 아니다. '무덤'이 아니라는 얘기다. 고인돌은 '제천 의식'을 행하기 위한 제단이다. 전 세계 고인돌의 70% 이상이 한국에 있는데 그 수가 약 4만 개이다.

강화도에 가면 우리 민족의 천제 의식을 보여주는 중요한 물증이 있다. 강화도 마니산이다. 마니산의 원래 이름은 마리산이다. '마리'는 '머리'의 고어이다. 한 마리, 두 마리 할 때 '마리'는 '머리'를 의미한다. 그래서 '마리산'은 '머리산'이다. '머리산'은 '우두머리 산'을 의미한다. 강화도 마니산에 있는 참성단은 고조선 단군 왕검이 개국 51년에 쌓은 '천제단'이다. 이 사실은 『태백일사』, '삼한관경본기'에 기록되어 있다. 놀라운 것은 이 천제단은 서쪽을 향하고 있다. 왜일까? 우리 고대 한민족이 서쪽에서 고개를 넘어 동쪽으로 왔으니까!

하나님께 제사를 드렸던 고조선이 망한 후에도 산 정상에서 행했던 제천 의식은 계승되었다. 부여 '영고', 동예 '무천', 고구려 '동맹', 백제 '교천' 그리고 신라 '답지위절' 등은 제천 의식으로서 국중 대회를 행했다. 국중 대회는 한 나라의 수도에서 개최되었던 대규모 제천 행사를 말한다. 고려 때에도 하나님께 제사 드리던 제천단이 있었다. 그곳이 원구단圜丘壇이다. 조선조 말, 고종 임금이 황제를 천명하고 제천 권리를 되찾아서 다시 하나님을 제사하려고 제천단을 마련했다. 그곳이 서울 시청 앞 조선호텔 뒤뜰에 있는 원구단이다. 이렇게 하나님을 제사하던 우리 민족의 제천 의식은 끊이지 않고 면면히 이어져 왔던 것이다.

가락국인 가야가 고대 기독교 국가였다. 가락은 '물고기'라는 뜻인데 오병이어 기적과 연관이 있다. 가야와 인도가 복음으로 연결되어 있었다는 사실을 아는가? 인도에 복음을 전파한 사람은 예수님의 열두 제자 중 한 명이었던 사도 도마이다. 예수님께서 주후 30년에 십자가에서 죽으시고 부활 승천하신 이후에 제자들은 땅 끝까지 복음을 전파했다. 그리고 모두 순교했다. 제자 도마Thomas는 인도까지 왔던 것이다. 인도는 그때나 지금이나 힌두교 국가이다. 놀랍게도 인도 케랄라 주에는 지금도 기독교 인구가 18%이다. 인도 케랄라Kerala에는 성도 도마 교회가 지금까지 존재하고 있다. 도마의 복음이 인도 아유타 왕국에 전파되어 왕실이 복음화되었다.

김수로는 주후 42년 음력 3월 3일 사도 도마에게 침례를 받았다. 주후 42년 음력 3월 15일 예수님 부활하신 날에 금관가야의 왕이 되었다. 금관가야는 세계 최초 기독교 국가였다. 사도 도마가 주도하여 김수로를 왕으로 세웠기 때문에 1세기의 가야국은 기독교 국가였다. 사도 도마가 김수로 왕에게 인도 아유타국의 공주 허황옥을 중매했다. 주후 48년 음력 7월 27일 김해 봉황동 유적지에서 두 사

인도 케랄라 성도 도마 교회

람은 혼인식을 했다. 허황옥은 가야의 김수로 왕과 결혼하여 김해 허씨가 되었다. 그래서 김해 김씨와 김해 허씨는 지금도 혼인하지 않는다. 허황옥이 들고 들어온 성도 도마 교회의 복음이 가야에 전래되었다. 가야와 신라가 모두 기독교 국가가 되었다. 그 증거들이 「가야문화연구소」 김도윤 박사의 논문에 실려 있다.

아홉째, 장막절과 추석이다. 이스라엘의 삼대 절기는 유월절, 칠칠절, 장막절이다. 장막절은 이스라엘 사람들이 하나님과 동행했던 광야 생활을 기억하면서 뜰에 초막을 지어 놓고 지키는 절기였다. 예수님께서 육신 장막을 입고 오실 것을 예언하는 절기가 '장막절'이었다. 히브리 달력으로 7월 15일이 '장막절'이다. 한국의 음력 8월 15일 추석이 바로 '장막절'이다.[36] 히브리 대학, 베냐민 술로니 박사 논문에도 잘 나와 있다. 추석은 성경의 장막절로서 악한 영들이나 조상에게 제사하는 날이 아니다. 추석은 성경의 장막절로서 다시 오실 주님을 기다리고 사모하는 날이다. 신약 시대 장막절은 예수 그리스도의 재림을 기다리는 날이다.

장막절의 다른 이름이 초막절 또는 수장절收藏節이다. 수장절은 추수가 끝난 뒤 갖는 감사절의 의미가 강했다. 신약 시대인 지금 수장절의 의미는 무엇일까? 출애굽한 이스라엘 백성이 가나안 땅에 정착했다. 첫 수확을 거둘 때 첫 열매 '한 단'을 하나님께 드리면서 수확의 감사절이 시작된다. 봄에 거두는 수확의 첫 열매는 부활하신 예수님을 뜻한다. 가을에 거두는 수확의 열매들은 장차 부활할 성도들을 뜻한다. 수장절은 모든 성도들의 부활의 그림자이다. 우리는 마지막 수장절 시대를 살고 있다.

주후 70년, 이스라엘 국가가 로마에 멸망당할 때까지는 이스라엘이 역사의 나침반이었다. 지금은 미국이 마지막 때의 나침반(compass)이다. 전 세계에서 아직까지 교회가 살아 움직이는 나라는 두 나라밖에 없다. 한국과 미국이다. 물론 정부(government)가 아니라 교회를 말한다. 다시 말해서 그리스도인을 말한다.

주후 740년에 유럽에서 가장 큰 나라는 카자리아로 알려져 있다. 고대 카자리아 왕국의 이교도 왕 불란(king Bulan)은 나라를 보존하기 위해 로마 카톨릭과 유대교와 이슬람교 중에서 유대교를 택했다. 오늘날 세상에서 유대인이라고 불리는 사람들 1,400만 명 중에서 95%가 카자리안

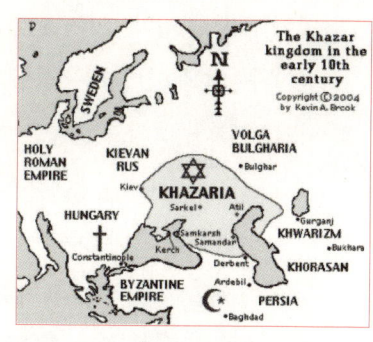

카자르 지도
http://handosa.egloos.com/3311020

유대인이다. 이들은 혈통으로 보았을 때 터키족과 혼족 배경을 가지고 있으며 유대인 조상은 전혀 갖고 있지 않다. 지금 중동 땅에 있는 이스라엘은 80%가 카자리아인들이다. 카자리아인(Khazarian)은 순수 유대 민족이 아니다. 이방인이다. 짝퉁 유대인이다.[37] 이스라엘 민족은 주후 70년에 멸망했기 때문이다. 오늘날 유대인 민족이라는 것은 없다. 브리태니커 백과사전에는 이렇게 나와 있다. "사람을 신체 특징으로 분류하는 인류학의 발견들은 일반 대중의 생각과는 달리 유대인 인종이 없다는 것을 보여준다."[38]

1948년 5월 14일 이스라엘이 독립했다. 이스라엘의 재건은 성경 예언이 성취된 것이 아니다. 이스라엘의 재건은 예수회와 히틀러의 작품이다. 세대주의와 미래주의를 완성하기 위한 핵심 시나리오가 이스라엘 재건이기 때문이다. 세대주의는 유대 민족 전체가 하나님께 돌아온다고 주장한다. 그러나 '예루살렘으로 돌아가자'는 'Back to Jerusalem'은 성경에 없는 세대주의 사상이다. 세대주의는 이단이다. 지금 이 시대는 순수 유대인은 거의 사라지고 없다. 있다손 치더라도 유대 민족 전체가 한 번에 구원받지는 못한다. 구원은 개개인이 받는 것이다. 어찌됐건, 그래도 아직은 구원의 날이요 은혜의 날이다. 비록 아마겟돈 전쟁이 시작되었지만, 우리는 복음을 들고 나가야 한다. 그리고 혼들을 이겨와야 한다.

　우리 민족은 고대로부터 하나님을 섬기는 민족이었다. 중간에 여러 외래 종교와 사상이 들어왔지만 근대에 다시 하나님께서 우리에게 복음을 주셨다. 복음과 함께 대한민국의 부흥과 발전도 주셨다. 지금 이 나라 이 민족의 위기는 그리스도인의 책임이요 한국교회의 책임이다. 교회가 돌이키고 하나님께 돌아오면 하나님이 다시 한번 부흥을 주실 것이다.

카자르 지도

추석은 장막절이다
영상보기

07

대한민국과 부흥

대한민국이 위기다. 한국교회는 무엇을 해야 하나? 지역 교회^(local church)와 목회자의 성경관과 가치관에 따라 각자도생^(各自圖生) 해야 하나? 아니다. 이럴 때일수록 본질로 돌아가야 한다. 교회의 본질은 무엇인가? 말씀, 기도, 전도 … 맞다. 맞지만, 위기의 때에 교회에 꼭 필요한 것은 하나밖에 없다. 뭘까? 부흥이다! 나라가 위기인데 생뚱맞게 부흥^(Revival)을 들고 나온다고 생각하는가? 그렇지 않다. 진정한 부흥만이 교회를 살리고, 가정을 살리고, 나라도 살릴 수 있다. 도대체 부흥이 무엇이길래 그 모든 것을 살린단 말인가?

1965년 인도네시아에 공산주의자들이 쿠데타를 일으키기 4일 전이었다. 잘 알려지지 않은 가난한 티모르 섬의 작은 마을에 하나님이 강권하여 성령님을 부어 주시기 시작했다. 성령님은 그 마을의 그리스도인들을 깨워 기도하게 하셨다. 수카르노 정부 시절, 인도네시아는 공산주의자들의 변란에서 기적처럼 구출됐다. 성령님이 임하신 후에, 티모르섬 소우 마을의 성도들은 몇 개월 후 전도팀을 만들었다. 성도들은 티모르섬과 주변 섬들을 다니며 복음을 전파했다. 수십, 수백 명이 한꺼번에 구원을 받고, 무수한 질병들이 낫고, 맹인이 눈을 뜨고, 죽은 자가 살아났다.[39]

2천 년 전 오순절 날에, 최초로 급하고 강한 바람처럼 성령님이 강림하셨다. 이와 유사한 역사가 우리 세대에 다시 나타났다. 인도네시아는 지금 이슬람교가 87%, 기독교가 7%이다. 그런데 1965년 부흥의 때에 서티모르섬에서만 20만 명이 복음을 듣고 주님께 돌아왔다. 그 당시 섬 인구의 90%였다. 지금도 서티모르섬은 예수 믿는 사람이 인구의 60%이다. 어떻게 이런 일이 가능했을까? 성령의 나타나심이다. 부흥의 역사이다.

대한민국이란 배가 모든 분야를 통틀어 위기에 처해 있다. 1960년대의 인도네시아의 유형과는 다르지만 결과는 비슷할 수 있는 일들이 벌어지고 있다. 익히 알다시피 이대로 가면 대한민국은 사회주의 국가로 갈 수도 있다. 많은 사람들이 많은 방법들을 제시하고 각자의 가치관과 사상대로 움직이고 있다. 교회들도 마찬가지이다. 그러나 답은 부흥밖에 없다. 그렇다면 도대체 부흥이란 무엇인가? 부흥復興은 하나님의 일이다. 부흥은 전도 집회가 아니다. 물론 전도 집회를 해도 구원받는 영혼이 상당히 나올 수 있다. 그래도 그것이 부흥은 아니라 전도 집회일 뿐이다. 전도 운동이 부흥으로 바뀔 수는 있다. 하지만 전도 집회는 예수 믿지 않는 사람을 그리스도께 돌아오게 하려는 교회의 노력이요 사역이다.

부흥은 하나님의 백성에게서 시작한다. 하지만 참된 부흥이라면 조만간 하나님의 백성에게 그치지 않고, 영혼을 구원하는 역사도 일어나는 것이다. 부흥은 영이 새롭게 되는 것이다. 영spirit이 소생하는 것이다. 진정으로 구원받고 참으로 거듭났는데 믿음이 식고 첫사랑을 잃어버린 사람은 소생할 수 있다. 어떻게? 주님의 말씀으로! "살리는 것은 영靈이니 육은 아무런 유익이 없느니라. 내가 너희에게 이른 말들이 곧 영이요 생명이니라." 요 6:63 이것이 부흥이다. 지금 한국 교회에 절대로 필요한 것은 부흥이다.

부흥은 언제 오는가? 하나님의 백성이 대가를 치를 때 온다. 그 대가는 무엇인가? 부흥은 죄의 각성으로 시작된다. 지은 죄가 있으면 죄의 유형에 따라 하나님께, 어떤 때는 하나님과 사람에게 또 어떤 때는 교회 앞에 자백해야 한다. 두렵고 떨리는 죄의 자백이 있은 후에는 기도해야 한다. 기도 가운데 영혼을 품고 진통하는 법을 배울 때 부흥이 온다. 우리가 담대하게 그리스도를 전할 때 부흥이 온다. 강단에서, 직장에서, 삶의 현장에서 하나님의 말씀을 선포할 때 부흥이 온다.

하지만 죄의 자백과 기도와 말씀 선포에는 성령님이 임하셔야 한다. 왜냐하면 부흥은 오직 주님의 영으로만 가능하기 때문이다. 부흥을 위하여 성령님을 의지하고 성령님의 권능을 받아야 한다는 말이다. 주님의 말씀을 사모하자. 주님의 말씀을 듣자. 그때 성령님이 임하신다. 그때 우리에게 구원과 회심과 부흥이 일어난다. 이렇게 그리스도인에게 불이 붙으면 하나님이 믿지 않는 자들 사이에도 역사하신다. 그러면 그리스도 밖에 있는 죄인들은 구원을 갈망하게 된다.[40]

지금 부산 사랑진교회에 부흥이 왔다. 리얼real 복음이 선포되고 있다. 주님의 성령이 임했다. 주님이 영광을 보여주시고 주님이 영광을 받으신다. 최고의 기적이요 기적 중의 기적인 영혼 구원이 계속 일어나고 있다. 회심이 여기저기서 계속된다. 8살 어린아이, 청소년, 대학생, 어른 할 것 없이 구원과 회심이 일어나고 있다. 만 9살 어린아이가 성령 안에서 자신의 죄를 고백하고 잃어버린 영혼들을 위해 1시간 넘게 기도한다.

예배 중에 있는 합심 기도 시간에 남을 위해 중재 기도를 하던 전도사 사모가 질병이 나았다. 어떤 가정에서는 구원받은 자매가 죄를 자백했다. 그러자 악한 영들이 떠나가고 고혈압이 낫고 허리 디스크가 다 나았다. 구원받은 지 열흘 된 자매가 친정 부모에게 입을 열어 구원 간증만 해도 회심이 시작되고 역사가 일어난다. 주일에도 주중에도 장소를 가리지 않고 구원과 회복이 일어나고 있다. 삼삼오오 가정이나 직장에 모여 성경을 읽다가 악한 영들이 떠나가고 성령 충만이 온다.

예배를 마치면 현장에서 형제자매가 서로서로를 찾아가 울면서 잘못을 고백한다. 담임 목사도 강단에서 성도들을 더 뜨겁게 사랑하지 못하고 더 많이 기도하지 못한 것을 사과했다. 회개의 영, 화해의 영, 진리의 영이 임한 것이다. 부흥이 오면 아무도 자기를 자랑하지 않는다. 성도들은 회개의 눈물을 흘리고 오직 주님께만 영광을 올린다. 아직도 계속 진행형이라 글로 다 쓸 수가 없다. 이것이 부흥이다. 이 글을 쓰고 있는 지금도 부흥이 일어나고 있다.

진짜 부흥이 일어나면 부흥은 집회 장소에서 그치지 않고 사방으로 퍼져 나간다. 부흥이 들불처럼 퍼져서 그 앞에 있는 장애물을 살라버리면 하나님이 영광 받으신다. 이런 부흥이 오면 모든 것이 달라진다. 대한민국 전체가 변할 것이다. 전도 집회로는 몇 년이 걸려도 성취할 수 없는 일을 하나님은 부흥을 통하여 몇 달 만에 이루실 수도 있다. 주님이 말씀하신다. "나 곧 나는 주요, 나 외에는 구원자가 없느니라 … 내가 일하리니 누가 그것을 허락한단 말이냐?" 사 43:11, 13

전능하신 하나님이 현현하시는 것, 주님의 영이 현장에 임하는 것, 그리고 주님의 권능이 나타나서 사람들이 다 놀라게 되는 것, 이것이 부흥이다. 이제 우리 모두가 '기도의 짐'을 함께 나누고 주님께 울부짖자. "완전한 새 사람이 되고 싶습니다. 진정한 부흥을 갈망합니다. 강력한 부흥을 경험하게 하옵소서. 주여, 주님의 일을 부흥케 하옵소서!" 진정한 부흥이 하나님의 일이라면, 하나님은 우리에게 부흥을 주실 것이다. 성령이여, 우리에게 임하소서!

II. 진리인가 전통인가

8. '성(聖)'자에 얽힌 유감
9. 예수님이 달리신 곳은 나무인가 십자가인가?
10. 사순절, 진리인가 전통인가?
11. 예수님은 금요일에 돌아가셨을까?
12. 주의 만찬인가 성만찬인가?
13. 사도 신경을 사도가 썼을까?
14. 우리는 사도 신경을 고백해야만 하는가?
15. 크리스마스의 진실
16. 응답하라 12월 25일

08

'성(聖)'자에 얽힌 유감

"오늘 엄마가 죽었다." 알베르 까뮈Albert Camus의 소설, 『이방인』L'Etranger 의 첫 문장이다. 주인공 뫼르소가 한 말이다. 요즘 조국 교회에 상식이 죽었다. 신앙은 기적이지만, 신앙생활은 상식이다. 은혜만 되면 되는 게 아니다. 많이만 모으면 정통orthodox이 되는 게 아니다. 전통tradition이라고 다 맞는 것이 아니다.

익숙하다고 올바른 것도 아니다. 말에는 숨이 있고 글에는 혼이 있다. 누구나 말을 하고 글을 쓰는 시대지만, 특별히 목사는 말을 하고 글을 쓰는 사람이다. 말과 글을 어법에 맞게 쓰는 것은 예의요 상식이다. '악화가 양화를 구축한다.'는 말이 있다. 원래 경제 논리이지만 나쁜 것이 많아지면 좋은 것이 사라진다는 뜻으로도 쓰인다. 교회 용어가 그렇다. 교회나 예배에서 쓰이는 용어가 국문법에 맞지 않는 것이 많다. 문제다.

필자가 섬기는 교회에서는 15년 전부터 이 문제에 관심을 가지고 바로 쓰기를 하고 있다. 예배나 교회 모임에서 대표 기도는 예배 기도로, 중보 기도는 중재 기도나 이웃을 위한 기도로, 사회자는 인도자로, 대예배는 주일 아침 예배로, 헌금은 헌상 offerings 으로 그리고 축제는 잔치로 하고 있다. '기도드렸습니다'는 '기도드립니다'로, 결혼은 혼인으로, '예배 본다'는 '예배 드린다'나 '예배 한다'로, 기도 중에 집사님은 집사로, 모태 신앙은 모태 출석으로 그리고 설교 중 '축복한다'는 말은 가능한 한 '소망한다'로 바꿔 쓰고 있다.

중보는 하나님 왕좌 우편에 앉아 계신 주 예수님이 하시는 것이다. 또 성령님이 말할 수 없는 탄식으로 우리를 위해 중보하신다. 중보는 사람에게 쓸 수 없는 용어이다. 예장 통합 측에서는 오래 전부터 '중보'라는 단어를 안 쓰고 있다.

국문법보다 더 문제가 되는 것은 성경 말씀과 어긋나는 것이 있다는 것이다. 주님이 세우신 신약 교회는 순례하는 교회요 전투하는 교회다. 피 흘린 발자취를 따라가는 교회다. 신약 교회는 침례식 Immersion 을 행한다. 침례와 주의 만찬은 주님이 행하라고 하신 명령이다. 교회가 쓰는 용어는 그 속에 내용을 담고 있다. 침례 baptism 는 자신이 죽고 장사되고 주님과 다시 일어나는 것을 보여준다. 그래서 침례는 복음이다. 물론 침례나 세례로 천국과 지옥이 결정되는 것은 아니다. 하지만 침례는 선한 양심이 하나님을 향하여 응답하는 것 아닌가.[41]

게다가 한국교회는 왜 주의 만찬을 성찬식이라고 하는지 모르겠다. 성만찬도 성경 용어는 아니다. 성^聖자만 쓰면 거룩해지는 것이 아니다. 성찬식은 영어로 'Communion'이다. 이것은 천주교의 일곱 성례전^{Sacrament} 중의 하나가 아닌가! 일곱 성례전의 중심은 화체설^{transubstantiation}이다. 화체설^{化體說}은 미사의 빵^{wafer}과 포도주가 신비한 방법을 통해 실제로 예수님의 살과 피로 변한다는 것이다. 성경에 나오는 주의 만찬^{the Lord's supper}은 우리 죄를 대속하기 위해 희생하신 주님의 몸과 피를 주님 다시 오실 때까지 기억하며 행하는 것이다.

로마 카톨릭 천주교의 미사^{Mass}는 태양신인 니므롯^{Nimrod}에게 바쳐진 인신 제물의 피와 살을 먹는 의식에서 나온 것이다. 그리스도의 죽음을 기념했던 것이 주후 394년에 미사라는 축제^{carnival}로 대체되었다. 이처럼 주의 만찬을 성찬식이라고 하는 것은 천주교의 화체설에 동조하는 것이다. "아니다. 우리는 떡과 잔을 기념하는 것이다." 그렇게 말하고 싶은가? 악은 모든 모양이라도 버리라, 하셨다.⁴² 하물며 그 말이 악한 뜻과 모양을 담고 있는데야 … 범박하게 주의 만찬이라고 하자.⁴³

성찬식과 직접 관련이 있는 축제 얘기도 해야겠다. 『두 개의 바빌론』을 쓴 히슬롭^{A. Hislop}은 신^神의 살을 먹는 것은 식인 사상에서 발생했다고 말한다. 바알의 제사장들은 제사할 때 올라온 모든 희생제물을 먹었다. 인신 제물이 올라온 경우, 그들은 사람의 살을 먹어야만 했다. 카나발^{Cahna-Bal}은 '바알의 제사장' 이라는 뜻이다. 카나발에서 식인종 'Cannibal'과 축제 'Carnival'이 나왔다. 미사^{Mass}는 축제라는 뜻이다. 축제祝祭를 사전에서 찾으면 '축하하여 지내는 제사'라는 뜻이다. 그러므로 부활절 축제, 감사절 축제라는 말은 성경에 없다. '축제'라는 말은 이교cult와 미신을 드러내는 용어이다. 축제는 잔치Feast로 바꿔야 한다.⁴⁴

성聖자 얘기가 나왔으니 성전Temple 이야기를 안 할 수가 없다. 교회 건물을 지어놓고 '성전 입당 예배'라고 하는 것은 말도 안 되고 뜻도 안 된다. 예수님 믿고 구원받은 우리가 성전이고⁴⁵ 우리 몸이 성령의 전殿 아닌가.⁴⁶ 구원받은 이후에 우리는 주 안에서 한 거룩한 전an holy temple으로 자라가는 것 아닌가.⁴⁷ 교회 건물을 성전이라고 하면 다시 구약 시대로 돌아가야 한다. 자칫하면 기복 신앙을 조장할 수도 있다. 교회론에 심각한 오류가 생긴다. 말이 그렇지 뜻이 그런 건 아니라고 하고 싶은가? 지금 뜻도 바뀌고 있지 않은가. 본당本堂이라는 말도 그렇다. 교회 건물에서 예배드리는 넓은 장소를 본당이라고 하는데 본당은 주임 신부가 있는 성당을 의미한다. 교회는 성당이 아니지 않은가.

하는 김에 성도聖徒 이야기도 해보자. 예수님 믿고 구원받은 우리는 성도saints이지 평신도laity가 아니다. 평신도 운동, 평신도 훈련이라는 말은 성경에 없다. '평신도'라는 말은 로마 카톨릭 학자들을 통해 개신교에 흘러 들어온 것이다. 한국교회에는 1975년 이후에 들어왔다.

오늘날 '평신도 훈련'이라는 말이 널리 쓰이고 있다. 평신도 훈련은 원래 1930년대 이후에 미국을 중심으로 일어난 순수한 성경 공부였다. '성경으로 돌아가자'는 운동이었다. 이 운동을 평신도 훈련으로 바꾼 자들이 핸드릭 크래머, 이반 콩가르, 반 룰러 같은 로마 카톨릭 신학자들이었다. 평신도라는 말 자체가 로마 카톨릭 용어이지, 성경 용어는 아닌 것이다. 평신도가 있으면 고(?)신도도 있는가? 혹시 그게 목사이고 장로인가? 목사는 직분이지 계급이 아니다.

내친김에 영성 훈련도 언급해야겠다. 이쯤에서 글을 접고 싶은 마음이다. 돌이 날아 올 것 같아서 ... 영성 훈련Spiritual Exercise이라는 용어가 한국교회에 들어온 것은 그리 오래지 않다. 그러나 그 기원은 오래됐다. 영성 훈련은 1517년, 마틴 루터의 종교 개혁으로 위기에 처한 로마 카톨릭이 반反종교 개혁을 시도했다. 그 선봉에 선 자가 이그나티우스 로욜라Ignatius de Loyola다. 로욜라는 마리아 숭배자요, 검은 교황Black Pope이며, 영성 훈련의 아버지이다. 사실 종교 개혁도 기독교 개혁이라 해야 하는데 ... 어쨌든 로욜라는 로마 교황의 허락을 받고 예수회The Society of Jesus를 만들어 종교 개혁에 대항하기 시작했다. 그가 했던 훈련이 영성 훈련이다. 말이 훈련이지 악령과 교제하고 악령을 섬기는 의식이었다. 이것은 흑마술을 포함한다. 악령과 직통하는 이런 흑마술black magic에서 공중부양술은 기본이다. 경건 훈련이라는 좋은 말이 있는데 왜 굳이 영성 훈련을 쓰는지 이해하기 힘들다. 지금 수많은 교회들이 이 용어를 쓰고 있다. 선한 용단을 기대한다.

사과하는 말로 글을 맺어야 할 것 같다. 주님의 몸된 교회the local church를 아끼고 사랑하는 마음으로 필을 든 것인데, 조금은 마음이 무겁다. 쓰고 있는 말을 아니라고 하자니 죄송한 마음이 앞선다. 널리 혜량하시기를 바란다.

09

예수님이 달리신 곳은 나무인가 십자가인가?

예수님 옆에 달린 강도들은 몇 미터나 떨어져 있었을까? 5미터? 10미터? 20미터? 아니다. 바싹 붙어 있었다. 진실을 추적해보자. 흔히들 예수님과 두 강도가 따로 따로 세 개의 십자가에 달렸다고 알고 있다. 이 전설은 콘스탄틴 황제가 만든 허구이다. 우리는 할리우드가 만든 영화들을 보고 그것이 진실이라고 믿었던 것이다. 성경을 확인하지도 않고. 성경은 증거한다. 갈보리 언덕의 한 살아있는 나무 가운데에 예수님께서 달리셨고 약간 밑으로 강도들이 달린 것이라고 말이다.

살아있는 한 나무에 달린 예수님과 두 강도

Martyrs Mirror of The Defenseless Christians by Thieleman J. van Bright

언덕이나 바닷가에는 반사체가 없기 때문에 조금만 멀리 떨어져도 소리가 전달이 안 된다. 예수님과 두 강도는 언덕 위에 있는 살아있는 한 나무에 달렸다. 십자가가 세 개라서 멀리 떨어져 있었다면 "네가 오늘 나와 함께 낙원에 있으리라." 하신 예수님의 음성이 강도에게까지 전달이 안 된다는 것이다. 반사음이 없는 곳에서 이야기를 하면 나 홀로 있는 것처럼 고독한 소리만 들린다. 음향 전문가의 이야기다. 의심스러우면 본인이 한번 달려보시도록. 예수님과 두 강도는 몇 미터 떨어진 것이 아니라 한 나무 위에 바싹 붙어 있었다.

십계명 중에 제1계명을 보자. "너는 내 앞에 다른 신들을 두지 말라. 너는 너를 위해 어떠한 새긴 형상도 만들지 말고, 또한 위로 하늘에 있는 것이나 아래로 땅에 있는 것이나, 땅 아래 물 속에 있는 것의 어떤 모양이든지 만들지 말며 너는 그것들에게 절하지도 말고 그것들을 섬기지도 말라. 이는 나 곧 주 너의 하나님은 질투하는 하나님이기 때문이라. 아버지들의 불법을 벌하여 나를 미워하는 그 자손의 삼사대까지 이르게 하리라." 출 20:3-5

새긴 형상과 모양의 대표는 무엇일까? 십자가 형상이다. 십자가 형상은 하나님이 금하신 것이다. 흔히들 예수님이 지고 가시고 달리신 십자가는 십자가 모양이라고 알고 있는데 그렇지 않다. 예수님이 지고 가신 것은 단순한 나무 기둥이다.

예수님은 구약을 성취하려고 오셨다. 구약 성경에는 십자가[Cross], 십자가에 박다[Crucify] 또는 십자가에 박힌[Crucified]이라는 단어가 결코 들어있지 않다. 그렇다면 신약에서도 '십자가에 박다' 따위의 표현은 없어야 한다. 이 흥미로운 사실을 추적해보자.

신약 성경은 헬라어로 기록되었다. 예수님의 사형을 설명하는데 사용된 영어, 'cross'에 해당되는 헬라어 단어는 스타우로스[Stauros]와 크쉴론[Xulon]이다. 이 두 단어는 살아있는 나무, 'a tree' 또는 단순한 나무 기둥[stake]이나 말뚝[pale]을 의미한다. 나무[wood]나 목재[timber]를 의미하기도 한다. 라틴어 성경에서도 십자가를 나타내는 단어인 크룩스[Crux]는 단순한 나무 기둥이나 말뚝을 의미한다.[48] 성경으로 확인하자.

"그때에 예수님께서 제자들에게 말씀하시더라. 만일 누구든지 나를 따라오려거든 자기를 부인하고 자기 **십자가**를 지고 나를 따르라." 마 16:24 여기서 십자가[cross]는 헬라어로 스타우로스[σταυρός], 단순한 나무 기둥이다.

"그들이 나가다가 구레네 사람, 시몬을 만나자, 그들이 그에게 억지로 그분의 **십자가**를 지게 하고" 마 27:32 여기서도 '십자가'는 헬라어로 스타우로스[σταυρός], 단순한 나무 기둥이다.

"지나가던 자들이 말하더라. 성전을 헐고 삼일 만에 짓는 자여, 네 자신이나 구원하라. 만일 네가 하나님의 아들이거든 **십자가에서** 내려오라." 마 27:40 여기서 '십자가'는 헬라어 스타우로스[σταυρός]로 단순한 나무 기둥이다. 무슨 말인가? 예수님은 살아있는 나무 위에 가로지른 기둥에 달리셨다는 거다.

09 예수님이 달리신 곳은 나무인가 십자가인가?

여러 가지 십자가 형상

https://www.pinterest.ie/pin/817895982314836743/

확실한 성경 말씀으로 확인하자. "그들이 주님에 관해 기록된 모든 것을 이루었을 때, 그들이 그분을 **나무에서** 내려 그분을 묘실에 안치하였더라." 행 13:29 여기서 '나무에서'는 영어 성경에 'from the tree'이다. 십자가cross가 아니다. 살아있는 나무다. 놀랍지 않은가!

하나 더 확인하자. "그분께서 **나무 위에서** 친히 자신의 몸 안에 우리의 죄들을 지셨으니 이는 죄들에게 죽은 우리를 살려서 의에 이르게 하심이라. 그분께서 채찍에 맞음으로 너희가 고침을 받았느니라" 벧전 2:24 여기서도 '나무 위에서'는 영어 성경에 'on the tree'이다. 십자가가 아니다. 살아있는 나무이다.

살아있는 나무에 기둥을 가로질러 죄수를 못 박는 것은 로마 병정들에게는 땅을 파는 수고를 덜어주었다. 그래서 땅을 파서 십자가 형틀을 묻고 그 위에 예수님을 달았다는 기록은 없다. 그것은 허구fiction이다. 예수님은 살아있는 나무에 단순한 기둥을 가로로 달아서 달리셨기에 십자가 모양으로 보인 것이다. 그뿐만 아니라 살아있는 나무에는 가지가 많기 때문에 실제로는 십자가 모양도 아니다.

그렇다면 지금 교회들이 종탑이나 강대상에 달아놓은 십자가는 어디에서 유래했을까? 우리가 알고 있는 십자가는 라틴 십자가인데, 라틴 십자가는 갈대아 지방의 신비 종교^{cult}에서 온 것이다. 이 십자가가 로마 카톨릭의 십자가를 거쳐서 개신교회 안에까지 들어온 것이다. 그러므로 십자가 모양이나 십자가 형상은 교회나 집 안에 두면 안 된다. 버려야 한다. 십자가 형상은 우상^{idol}이기 때문이다.

다음은 합동신학대학원대학교 이승구 교수의 글이다. "종교 개혁 시기에 개혁교회는 사순절을 폐지했다. 칼빈과 청교도들은 사순절을 비롯한 특별한 절기들을 지키지 않고 매일매일 십자가의 빛에서 살아가야 함을 강조했다. 존 칼빈은 『기독교강요』에서 천주교의 사순절이 미신이라고 지적했다. 청교도들도 칼빈의 입장에 충실해, 그 당시 천주교회와 성공회에 남아 있던 인간의 규례들을 철폐해 나가는 일에 열심이었다. 칼빈을 따르던 개혁파와 청교도들은 심지어 십자가도 형상이라고 버렸다."

성경 말씀을 찾아보자. "너희는 그들의 신들을 새긴 형상들을 불로 태우고, 그것들 위에 입힌 은이나 금을 바라지도 말며 그것을 취하지도 말라. 그것으로 인해 네가 올무에 걸릴까 염려하노라. 이는 그것이 주 네 하나님께 가증한 것이기 때문이라. 또한 너는 가증한 것을 네 집 안에 들이지 말라. 너도 그와 같이 저주받은 것이 될까 염려하노라. 오직 너는 그것을 철저히 싫어하고 철저히 증오하라. 이는 그것이 저주받은 것이기 때문이라." _{신 7:25~26}

놀랍게도 십자가 표식은 666 짐승의 표이다. 영국 옥스퍼드 대학에서 출판한 중세 라틴어 사전에는 "666은 십자가 표식이고 짐승의 표"라고 나와 있다. 항간에 베리칩을 666 짐승의 표라고들 하는데, 그렇지 않다. 666 짐승의 표는 베리칩veriship이 아니다. 요한계시록으로 가보자.

"그가 모든 자, 곧 작은 자나 큰 자나, 부자나 가난한 자나, 자유한 자나 매인자에게, 그들의 오른손이나 이마에 표를 받게 하고 그 표나 그 짐승의 이름이나 그의 이름의 숫자를 가진 자 외에는 아무도 사거나 팔지 못하게 하더라. 여기에 지혜가 있으니 총명한 자는 그 짐승의 숫자를 세어 보라. 이는 그것이 사람의 숫자요 그의 숫자는 육백육십육이기 때문이라." 계 13:16~18

여기서 666 숫자를 가진 짐승은 사람이다. 베리칩이나 컴퓨터 같은 도구가 아니다. 짐승은 로마 교황권을 가리킨다. 물론 베리칩이 악한 세력의 도구로 쓰일 수 있다. 그러면 짐승의 표는 무엇일까? 로마 카톨릭 신도들은 미사할 때 십자 성호를 긋는다. 오른손의 손가락을 모아서 이마에서 배쪽으로 먼저 긋고 나서 왼쪽 어깨에서 오른쪽 어깨로 긋는다. 그러면 십자가 모양이 나온다. 이것을 십자 성호라 한다. 이 십자 성호가 바로 짐승의 표the mark of the beast이다.

사탄 숭배자와 로마 카톨릭을 비롯한 바벨론 종교들은 무수히 많은 십자가 형상을 사용하고 있다. 십자가 형상은 버려야 한다. 십자가 형상뿐 아니라 예수님 사진도 버려야 한다. 시중에 있는 예수님 사진은 실제로 금발에 파란 눈을 한 적그리스도를 그린 것이다. 예수님은 우리와 같은 셈족이기에 금발에 파란 눈일 수가 없는 것 아닌가. 만화영화 캐릭터의 인형이나 사진들, 팝송과 유행가의 테이프나 CD 등도 다 버려야 한다. 이것들을 집에 가지고 있으면 악한 영들이 거기에 붙어 있을 권한이 있기 때문이다. 이유를 알 수 없는 일들이나 영적인 이상한 일들이 일어나는 것은 이런 형상과 사진들이 집에 있기 때문일 수도 있다. 버리고 가야 한다.

중요한 것은 십자가가 아니라 '십자가의 도'이다. 십자가의 진리이다. 이것을 편의상 우리가 십자가라고 부르는 것이다. 성경이 말하는 십자가는 예수 그리스도께서 십자가에서 이루신 일을 의미한다. 다시 말해서 예수 그리스도의 속죄를 의미한다. 그리스도께서는 우리를 위해 돌아가셨다. 우리는 그리스도의 피로 의롭게 되었다.

우리에게 십자가 형상이 중요한가 아니면 예수님께서 나무 위에서 이루신 일들이 중요한가? 전통이 중요한가 아니면 하나님의 말씀이 중요한가? 선택은 독자의 몫이다.

10

사순절, 진리인가 전통인가?

전통은 좋은 것이다. 아름다운 전통은 존중하고 유지해야 한다. 그러나 그 전통이 전혀 성경에서 나오지 않았다면 어떻게 해야 하는가. 진리가 전통이 될 수 있지만, 전통이라고 해서 항상 진리는 아니다. 많은 교회에서 사순절을 지키고 있다. 사순절이 성경에 있는가?

결론부터 말하면, 사순절Lent은 성경에 없다. 그렇다면 사순절四旬節은 사람의 전통이요 세상의 유치한 원리에 불과하다.[49] 그리스도인들이 예수 그리스도가 받았던 고난을 생각하며 기도와 절제의 삶을 산다는 사순절! 사순절을 지내는 그 신앙과 마음은 충분히 이해하고 존중한다. 하지만 그리스도인이 성경에 없는 이교도의 절기를 지킬 수는 없지 않겠는가.

사순절은 부활절 이전 40일을 금욕하며 지내는 절기를 말한다.

사순절은 실제로 46일간이다. 그 안에 주일이 6번 들어있기 때문이다. 특별히 사순절 절기가 시작되는 날은 재의 수요일Ash Wednesday이라 불린다. 주후 325년 니케아 공의회council of Nicea에서 사순절 기간을 40일로 처음 결정했다.

사순절을 뜻하는 영어 'Lent'는 고대 앵글로 색슨어 'Lang'에서 유래했다. '봄'이라는 뜻이다. 20세기 세계 10대 신학자인 하비 콕스Harvey Cox의 글이다. "이 말의 배경은 놀랍다. 거의 모든 서구 언어에서는 40일을 지칭하는 이 용어는 '40번 째'를 뜻하는 라틴어 콰드라제시마quadragesima에서 유래했다.⁵⁰ 영어의 렌트Lent는 3월을 뜻하는 앵글로색슨족의 낱말인 렌트lenct에서 유래했다. 사순절 절기가 종종 3월에 걸쳤기 때문이다. '렌트'라는 용어의 유래는 그리스도교 이전에 여러 종족이 지키던 많은 계절 축제들이 어떻게 그리스도교 안으로 들어오게 되었는지를 밝히는 귀중한 자료이다."⁵¹

우리나라에서는 '40'을 뜻하는 헬라어 테사라코스테Τεσσαρακοστή를 번역하여 사순절이라 한다. 한국 기독교는 사순절 동안에 특별 새벽 기도회를 열며 사순절 고난의 의미까지 덧붙여 사순절을 지킨다.⁵² 교단에서 정한 것이니까, 교회서 하니까, 당연히 따라야 한다고 생각하는 사순절. 왜 사순절을 관습으로 지키고 있는가?

사순절은 로마 카톨릭이 부활절Easter을 준비하기 전에 예수님의 고난을 40일 동안 되새기는 절기로 정하면서부터 시작됐다. 이것은 로마 카톨릭이 자기들의 종교 행위를 위해 정한 것이다. 크리스마스와 마찬가지로 신약 교회와는 아무 관련이 없는 이교도들의 절기이다. 멕시코인들은 태양신을 숭배하기 위해, 이집트인들은 태양신 '오시리스'를 숭배하기 위해 사순절을 지켰다. 브라질의 카니발carnival 축제는 사순절 금욕 기간 전에 3일 동안 고기로 배를 채우고 음란하게 즐기는 축제다. 로마 카톨릭은 사순절을 카니발carnival이라 부른다. '사육제'라는 뜻이다. 카톨릭교회가 행하는 미사Mass도 '축제일'이라는 뜻이다.

창세기에 적그리스도의 최초 모형인 니므롯이 바벨론 왕국을 세웠다. 세미라미스는 니므롯의 아내였다. 그녀가 낳은 아들이 담무스다. 담무스Tammuz가 40세에 멧돼지에 물려 죽었다. 그러자 세미라미스Semiramis는 아들 담무스를 기념하여 바벨론 백성들에게 40일 동안 금욕하라고 명령했다. 이것이 고대 사순절의 시작이다. 세미라미스의 다른 이름이 이쉬타르Ishtar이고 이쉬타르의 영어 이름이 이스터Easter이다. 놀랍게도 로마 카톨릭교회의 부활절이 이스터Easter이다. 그렇다면 천주교회의 부활절은 여신을 숭배하는 것이 아닌가.⁵³

그렇다. '이스터'는 성경이 말하는 부활 용어가 아닌 것이다. 이스터나 아스다롯은 하늘 여왕⁵⁴의 이름이다.⁵⁵ 영어 사전에 이스터는 빛과 봄의 여신goddess of light and spring이라고 나와 있다. 앵글로색슨에 기원을 두고 있는 부활절은 새벽의 여신으로부터 전해 내려온 이교의 용어이다.⁵⁶ 그래서 성경은 부활을 이스터Easter라고 하지 않고, 'the Resurrection'이라 한다.⁵⁷ 하여 로마 카톨릭이 지키는 부활절 날짜와 신약 교회가 지키는 부활일 날짜는 당연히 다른 것이다. 이렇게 로마 카톨릭의 부활절Easter과 사순절은 이교Cult의 풍습이다.

이교도들이 사순절을 정한 성경의 근거는 숫자 '40'과 연관된 사건들이다. 노아 홍수 때 세상을 심판하기 위해 40일 밤낮을 비를 내리신 일, 이집트 노예 생활을 벗어난 이스라엘이 가나안 땅에 들어가기까지 40년 동안 광야 생활을 한 일, 모세가 시내 산에서 십계명을 받기 위해 40일 밤낮을 금식한 일, 예수 그리스도께서 공생애를 시작하시기 전 광야에서 40일 밤낮을 금식하신 일 그리고 주님께서 승천하시기 전 40일 동안 제자들과 함께 머무르신 일 등이 그것이다. 성경에서 '40'은 '시험의 수'로 계시된다. 이것을 근거로 부활절 이전 40일 동안 주님과의 새로운 만남을 위해서 자신을 준비시켰다. 금육禁肉과 단식 같은 육신의 고통까지 곁들여 '속죄'에 동참하자고 했던 것이다.

그러나 이와 같은 일은 성경 어디에서도 명령하지 않는 인간의 전통에 불과하다. 안타까운 것은 로마 카톨릭에서 개혁해 나온 대부분의 개신교에서도 이교도들의 전통을 그대로 따라하고 있다는 것이다. 이것은 예수 그리스도의 피로 이루어진 속죄 교리가 아니다. 금육禁肉과 단식으로 거짓 속죄를 가르치는 이교도들을 따르는 것이다. 게다가 성경이 아닌 전통에 하나님을 끌어들이는 신성 모독을 행하고 있는 것이다.

성경은 하나님께서 좋아하시는 것을 사람도 좋아해야 한다고 가르친다. "기록되기를, 내가 거룩하니 너희도 거룩하라 하시기 때문이라." 벧전 1:16 인간의 전통인 사순절은 하나님께서 싫어하시는 것이다. 그것은 전통tradition이 하나님의 말씀을 폐기하는 일이기 때문이다.58 신약에서 주님은 그리스도인들에게 경고하신다. "그러므로 먹는 것이나 마시는 것이나 거룩한 날이나 새달의 첫 날이나 안식일들로 인해 아무도 너희를 판단하지 못하게 하라." 골 2:16

구약에서 주님은 이교도들에 대해 경고하셨다. "그들은 하나님께 희생물을 드리지 않고 악한 영들에게 드렸으니 곧 그들이 알지 못했던 신들에게 드리고 너희 조상들은 두려워하지도 않았던 새로 생긴 새로운 신들에게 드렸더라." 신 32:17 주님은 하나님을 경배하지 않고 악한 영들을 숭배하는 이교도들에게 매우 단호하셨다. 이교도의 전통을 따라 행하는 것이 주님을 슬프게 한다는 것을 알았다면 거짓 전통을 폐기해야 할 것이다.

감사하게도 사순절을 지키지 않는 교단도 있다. 대한예수교장로회 합동은 1999년 교단 정기 총회에서 사순절에 대한 연구 보고를 채택한 뒤 사순절을 없앴다. 이 연구 보고서에는 "사순절이 교회의 절기가 아니고 천주교와 성공회의 고정된 절기인 만큼 성경에 있는 절기로 보는 게 바람직하지 않다."는 내용이 담겼다. 예장 합동이 예수 그리스도의 고난에 동참한다는 기본 취지까지 없앤 것은 아니다.

이상원 총신대 교수조직신학는 "성경에 근거가 없는 절기이고 로마 카톨릭에서 차용한 만큼 굳이 사순절이라는 명칭을 유지할 이유가 없다. 대신 부활 주일 7일 전부터 시작되는 고난 주간을 지킨다."고

했다. 예장 고신도 사순절을 특별한 교회 절기로 지키고 있지 않고 지역 교회 상황에 따라 고난 주간 등을 지킨다고 한다. 다음은 합동신학대학원대학교 이승구 교수의 글이다. "종교 개혁 시기에 개혁교회는 사순절을 폐지했다. 칼빈과 청교도들은 사순절을 비롯한 특별한 절기들을 지키지 않고 매일매일 십자가의 빛에서 살아가야 함을 강조했다. 존 칼빈은 『기독교강요』에서 천주교의 사순절이 미신이라고 지적했다. 청교도들도 칼빈의 입장에 충실해, 그 당시 천주교회와 성공회에 남아 있던 인간의 규례들을 철폐해 나가는 일에 열심이었다. 칼빈을 따르던 개혁파와 청교도들은 심지어 십자가도 형상이라고 버렸다."

진짜 역사를 알고 있는가? 중세 시대인 1200년부터 로마 카톨릭 십자군과 종교 재판Inquisition으로 성경대로 믿는 신약 교회 성도들 약 일억 명이 순교한 것으로 추정된다. 공식 통계는 6,800만 명이다. 성경은 경고한다. "그리스도와 벨리알이 어찌 하나가 되겠느냐? 믿는 자가 믿지 아니하는 자와 무슨 상관이 있느냐?" 고후 6:15

사순절은 성경에 없다. 피 흘린 발자취를 따라간다는 신약 교회들은 어떻게 해야 하는가? 선택은 양심에 따라 하지만, 심판은 주님이 하실 것이다. 악은 모양이라도 버리라 하셨다. 이 일에 주님의 크신 은혜와 인도하심을 기대한다.

11

예수님은 금요일에 돌아가셨을까?

미스트롯과 미스터트롯이 상한가를 치고 있다. 트로트^{trot}가 부활했다. 세상 사람들도 부활이란 단어를 사용한다. 뭔가 다시 살아났다는 것이다. 실체는 모르고 결과만 가져다 쓰고 있다. 그리스도인이면 누구나 주님의 부활을 기뻐하고 찬양한다. 주님과 함께 일으켜 세워진 우리는 부활의 신앙으로 살아간다. 예수님의 십자가와 부활은 그리스도교 신앙의 고갱이다. 우리는 성경에 나오는 부활에 대해서 얼마나 알고 있는가?

성경이나 기타 문서에 1세기 교회 그리스도인들이 부활절 축일을 지켰다는 기록은 전무하다. 더더구나 부활절을 날 잡아 기념하라는 말씀은 성경 어디에도 없다. 『브리태니커 백과사전』 초판^{1768년}은 이렇게 말한다. "신약 성경이나 속사도 교부$^{The\ Apostolic\ Fathers}$들의 저술 가운데 그리스도인들이 부활절을 지켰다는 암시는 없다. 특정한 날을 거룩히 여기는 것은 1세기 그리스도인들의 정신에서 비롯된 것이 아니다. 예수님도 사도들도 이 축일이나 다른 어떤 축일을 지키라고 명한 바가 없다."

예수님은 금요일에 돌아가셨을까? 많은 사람들은 예수님이 금요일 Good Friday 에 죽으시고 '부활절' 주일 이른 아침에 죽음에서 일어나셨다고 생각한다. 예수님이 안식일 전날 십자가에 못 박히셨기 때문에 그분이 금요일에 죽으신 것으로 믿고들 있다. 전통으로 내려온 날짜를 생각 없이 믿어버린 것이다. 생각해보라. 예수님이 금요일 오후 6시 직후에 나무에서 내려지시고 토요일 안식일을 지나 주간의 첫날 이른 아침 very early in the morning 에 부활하셨다고 하면 48시간도 안 된다. 성경은 예수님이 삼일 낮 삼일 밤 동안 돌무덤에 계셨다고 증거한다.⁵⁹ 그렇다면 72시간이 되어야 한다. 이상하다고 생각해 본 적은 없는가? 성경 말씀대로라면 예수님은 수요일에 돌아가셔서 토요일에 부활하셔야 한다. 그래야 삼일 밤낮 72시간이 되는 것이다.

예수님은 수요일에 돌아가셨다. 그분이 죽으신 다음 날의 안식일은 매주 돌아오는 토요일의 안식일이 아니었다. 그날은 매년 한 번 있는 안식일이었다. 왜냐하면 그 안식일이 큰 날 an high day 이었기 때문이다.⁶⁰ 이러한 큰 안식일은 한 주의 어떤 요일이라도 될 수 있으며 그 해에는 분명히 목요일이었다.⁶¹

예수님은 예비일인 수요일에 십자가에 못 박혀 죽으시고 장사되셨다. 다음날은 큰 안식일 a special sabbath of the feast 인 목요일, 그 다음날은 금요일 그리고 이어서 매주 지키는 안식일^{토요일}이 뒤따라왔다. 그 주에 두 번의 안식일이 있었다. 이렇게 그리스도께서 안식일 전날인 수요일에 십자가에서 처형을 당하시고, 안식일 다음날인 토요일에 무덤에서 일어나셨다. 그래야 사흘 밤낮을 무덤 속에 있을 것이라는 표적을 성취할 수 있기 때문이다.[62]

예수님이 십자가에서 죽으신 수요일은 유월절이었다. 성서학자 할레이^{H. Halley} 박사의 이야기를 들어보자. "예수님의 공생애 기간이 3년 6개월이라는 것은 널리 알려진 견해이다. 예수님 공생애 기간에 유월절이 세 번 있었다. 성전을 깨끗이 하실 때,[63] 예루살렘을 방문하셨을 때[64] 그리고 5천 명을 먹이실 때[65]였다. 이렇게 공생애 기간 동안 세 번의 유월절을 지키시고 네 번째 유월절이 되는 주후 30년 4월 14일 수요일 저녁에 돌아가셨다."[66]

그렇다. 예수님은 유월절 어린양으로 돌아가셨다. 유월절 양을 죽이는 날이 아빕월 14일 저녁이라면 예수님도 4월 14일 수요일에 돌아가셔야 했다. 그리고 삼 일^{72시간}이 지나 이스라엘의 하루가 시작되는 토요일 저녁 6시 직후에 부활하셔야 했다. 그렇다면 그날이 4월 17일 토요일이 되어야 한다.[67]

성경의 모든 것이 그분께서 수요일 오후 3시에 죽으시고 같은 날 저녁 6시^{sunset} 직후에 십자가에서 내려지신 후, 삼일 밤낮을 돌무덤에 계시다가 토요일 저녁 6시 일몰 직후에 부활하셨다는 사실과 완벽하게 조화를 이룬다.

숫자 '8'의 신비를 아는가? 성경에서 숫자 '8'은 원래의 것으로 돌아간다는 뜻이다. 한 주의 여덟 번째 날은 새로운 한 이레의 첫째 날이 된다. 또 숫자 '8'은 새로운 시작, 새로운 탄생 그리고 새로운 창조를 나타낸다. 지구의 대홍수 때 노아의 방주에 들어가 구원받은 사람은 8명이었다. 그 8명으로 세상은 새롭게 시작되었다. 예수님도 7일째 안식일을 지나 한 주의 새로운 시작일인 8일째 부활하셨다. 그렇게 숫자 '8'은 주님이 부활하신 날을 기념하는 주일이 되었다.[68]

부활절이란 단어의 기원을 알아보자. 20세기 세계 10대 신학자 하비 콕스Harvey Cox의 말이다. "내가 부활절을 의미하는 이스터Easter라는 낱말이 앵글로색슨의 여명의 여신 에오스트레Eostre에서 유래된 것이라는 사실을 배웠을 때, 그것은 사순절을 뜻하는 렌트Lent라는 용어가 그랬듯이, 그리스도교가 이교의 요소들을 그리스도교의 예배 속에 혼합해 넣은 많은 사례들을 나에게 일깨워 주었다."[69]

부활절은 영어로 'Easter'이다. '이스터'라는 용어는 무엇을 의미하는가? 이스터는 성경이 말하는 부활 용어가 아니다. 이스터Easter는 바로 아스타르테Astarte이다. 이스터나 아스타르테는 하늘 여왕의 이름이다.[70] 이 이름들은 여신 아스다롯Ishtar의 다른 이름이다.[71] 앵글로색슨에 그 기원을 둔 '이스터'는 새벽의 여신에서 유래한 이교의 용어이다.[72]

여기서 창세기 초기로 가보자. 지금부터 4,370여 년 전 바벨론에서 니므롯은 태양신, 그의 아내였던 세미라미스는 여신女神으로 숭배를 받았다. 세미라미스는 나중에 동방에서는 봄의 여신이요 다산^{多産}의 여신인 오스트라^{Ostrar}가 된다. 이 오스트라에서 이스터^{Easter} 여신의 이름이 유래된 것이다. 바벨론에서 유래된 이 여신 숭배 사상은 이렇다. 큰 달걀이 하늘에서 유프라데스 강으로 떨어졌다. 물고기들이 이것을 강둑으로 끌어내고 비둘기들이 그 달걀을 부화시켰다. 그 속에서 여신 '비너스'가 나왔다. 그 비너스가 바로 '아스타르테'였다. 그때부터 낮과 밤이 같은 춘분 직후에 이스터^{Easter} 여신을 기념하려고 달걀을 먹거나 가지고 다녔다. 이렇게 이스터는 암탉이 달걀을 날마다 낳는 것같이 자식을 매일 낳아주는 다산과 음란의 여신으로 숭배를 받았던 것이다. 훗날 이 큰 달걀은 '세계의 달걀'로 불렸다. 노아의 방주 안에 세상을 품었듯이 달걀 안에 세상을 품었다고 속였다. 이것을 여신 안에 세상을 품고 있는 의미로 사용했다. 큰 달걀은 노아의 방주를 악하게 적용한 것이다.[73]

로마 카톨릭이 이스터^{Easter} 여신의 달걀을 예수님의 부활의 상징으로 채택했다. 오늘날 기독교 안에 부활절에 달걀을 먹는 풍습이 그렇게 내려온 것이다. 안타깝게도 우리가 부활절에 주고받는 색칠한 달걀은 예수님이 무덤에서 부활하신 것을 상징하는 것이 아니다. 이것은 완전히 이교^{Cult}에 그 기원을 두고 있는 것이다. 물론 우리가 색칠한 삶은 달걀을 먹는 것이 잘못된 것은 아니다. 그 마음도 이해한다. 그러나 하나님은 우리에게 악은 그 모양이라도 버리라 하셨다. 전통과 관습이 성경 말씀을 넘어설 때, 교회는 자꾸 성경 말씀에서 멀어지는 것이다. 성경대로 행하기를 소망한다.

상기한 대로 부활절이라는 단어는 기독교가 아니라 기원을 이교 Cult에 두고 있음이 분명하다. 'Resurrection'은 성경에 총 41회 나오는데 왜 이스터가 부활절로 불리게 되었는지 의문이다. 성경은 부활을 이스터Easter라 하지 않고, 'the Resurrection' 이라 한다.[74] 하여 로마 카톨릭이 지키는 부활절 날짜와 신약 교회가 지키는 부활일 날짜는 당연히 다른 것이다. 왜냐하면 로마 카톨릭의 부활절은 봄의 여신 아스다롯을 기념하는 날이고, 신약 교회의 부활일은 우주의 통치자로 등극하신 주 예수 그리스도를 기억하는 날이기 때문이다. 이렇게 부활을 기념하는 대상이 다르기 때문에 부활 날짜도 다르다. 로마 카톨릭이나 많은 개신교에서 지키는 부활절 날짜와 성경이 말하는 부활일은 전혀 다르다.

부활일을 계산하는 방법은 두 가지가 있다. 로마 카톨릭이 주장하는 계산 방법이 있고, 성경이 말씀하는 계산 방법이 있다. 봄의 여신을 기념하는 부활절은 교회력 춘분이나 그 후에 있는 교회력 첫 번째 만월인 보름 다음에 오는 첫 번째 일요일이다. 이것은 라틴 교회인 로마 카톨릭이 변경시킨 부활절 날짜이다. 부활절 날짜는 주후 35년 동방 정교회의 반대에도 불구하고 로마 카톨릭이 니케아 공의회에서 확정했다.[75]

메트레이크G. Metlake의 이야기를 들어보자. "음력 춘분이 지난 후, 새 달의 스무 번째 날보다 이후에 부활절을 지키는 것은 성경을 거스르는 것이다. 왜냐하면 성경에 따르면, 유월절 기념은 새달이 지난 후, 열네 번째와 스무 번째 날 사이에서만 지켜져야 하기 때문이다. 어둠이 빛보다 더 강력한 때에 주님의 부활을 기념하는 것은 범죄이다."[76]

성경이 말씀하는 예수 그리스도의 부활 the Resurrection 은 유대의 유월절 시간에 발생한 것이다. 이집트에서 출애굽 할 때가 1537년 보름이었다. 그러므로 예수 그리스도의 부활은 주후 30년 보름인 것이다. 춘분은 태양력의 한 해를 시작하는 날짜이며, 태음력의 한 해는 춘분 이후에 첫 번째 만월인 보름부터 시작한다.[77]

그래서 2021년 올해 성경이 보여주는 부활일은 3월 20일 춘분 음력 2월 8일을 지나고, 신월 보름날인 4월 26일 음력 3월 15일이다. 초기 교회 300년 동안은 사도들의 전통을 따라 보름달이 충만한 음력 3월 15일을 지켜왔다. 성경대로 부활일을 기념하려면 열네 번째와 스무 번째 날 사이에 해야 한다. 2021년 올해는 4월 25일부터 5월 1일 사이이다. 사실은 매주마다 돌아오는 주일이 주님의 부활을 기억하는 날 아닌가. 그렇다면 꼭 하루를 택해서 부활을 기념하지 않아도 되지 않겠는가.

예수님은 부활하시고 하늘에 오르시어 하나님 왕좌 오른편에 앉으셨다. 유월절을 성취하신 예수님이 신약 시대에 행하라 하신 규례 명령은 두 가지뿐이다. 주의 만찬 Lord's supper 과 침례 baptisma 이다. 주의 만찬과 침례는 주님 다시 오실 때까지 교회가 행해야 한다.[78]

사실 '부활절 축제'도 주님이 명령하신 것은 아니다. 부활 신앙을 가지고 부활하신 예수님을 증거하라고 하셨지, 부활을 축제로 기념하라고 명령하신 사실은 결코 없다. 그런데 부활을 축제로 기념하는 부활절이 교회 속에 들어와 성탄절 다음으로 큰 축제가 되어 버렸다. 백번 양보하여 부활을 기뻐하고 지키는 것까지는 이해한다 하더라도, 부활절을 봄의 여신 이름인 이스터Easter로 지키는 것은 우리 주님께 큰 죄를 범하고 있는 것 아닌가. 게다가 날짜까지도 성경과는 다른 로마 카톨릭이 정한 날짜가 아니던가.

예수 그리스도는 창세로부터 죽임 당하신 유월절 어린양이셨다.[79] 주 예수 그리스도의 부활은 출애굽의 기념일에 일어난 것이다.[80] 한국교회가 성경의 부활일을 기념하는 감격의 날이 오기를 두 손 모아 기도한다.

12

주의 만찬인가 성만찬인가?

신앙생활은 무엇일까? 하나님이 누구신지 내가 누구인지 교회가 무엇인지를 알아가는 것이다. 교회는 언제 탄생했을까? 아담의 터진 옆구리에서 이브가 나왔듯이 주 예수님의 찢어진 옆구리에서 교회가 탄생했다. 이것을 신약 교회라고 한다. 신약 교회 New Testament Church 는 신약 성경에 나오는 교회의 정체성과 모습을 거의 그대로 담고 있는 교회를 말한다. 신약 교회 그리스도인들은 무엇을 하며 살아야 할까? 다시 말해서 신약 교회의 특징은 무엇일까? 무엇을 보고 "아, 저 교회는 성경이 말씀하는 교회구나!"라고 알 수 있을까?

먼저 신약 교회는 진리를 선포하고 진리를 누리는 곳이다. 형제·자매 사이에 사랑이 넘치는 곳이다. 영혼 구원이 뜨겁게 일어나는 곳이다. 그리고 주님의 명령을 그대로 지키며 행하는 곳이다. 신약 교회에는 주님이 주신 새 언약의 명령들이 있다. 무엇일까? 땅 끝까지 주님의 증인이 되는 것이다. 그리고 침례와 주의 만찬을 행하는 것이다.

The Lord's supper, '주의 만찬'은 어떻게 행하는 것일까? 신약 성경이 말하는 주의 만찬은 '식사'이다. 고대 헬라어로 데이프논(δεῖπνον)이 식사인데, 그것은 '완전하고 평범한 식사'라는 뜻이다. 주님께서는 우리에게 교회 지체들끼리 서로 사랑의 교제를 나누라고 하셨는데, 형제·자매들 사이에 나눌 수 있는 가장 깊고 눈에 보이는 표현 방식은 바로 '공동 식사'이다. 이것이 주의 만찬이다.

2천 년 전 초기 교회 그리스도인들은 주의 만찬을 자주 행했다. 그리고 주 예수님께서는 주의 만찬을 행하여 주님 자신을 기억하라고 명령하셨다.[81] 주의 만찬은 초기 교회의 삶에서 아주 특별하고도 중요한 위치를 차지했다. 그 이유가 무엇일까? 그것은 주의 만찬이 '그리스도인의 삶'이 어떤 것인가를 명확하게 보여 주었기 때문이다.

포도즙인가 포도주인가

이제 주의 만찬이 무엇인지를 살펴보자. 주의 만찬은 빵과 잔을 나누는 것이다. 개역성경은 떡이라고 번역했는데 떡은 찌는 것이고 빵은 불에 굽는 것이다. "우리가 축복하는 축복의 잔은 그리스도의 피를 함께 나누는 것이 아니냐? 우리가 떼는 빵은 그리스도의 몸을 함께 나누는 것이 아니냐?" 고전 10:16 주의 만찬 때 함께 나누어 먹는 '부서진 빵'은 예수님에게 있는 사람의 속성을 가리킨다. 영광의 아들께서 스스로 종의 형체를 입으셨다. 전능하신 분께서 사람의 모습으로 나타나시어 자신을 낮추셨다.

서양 식탁 음식 중에서 가장 기본이고 보잘 것 없는 빵(bread)은 우리 주님이 자신을 낮추신 것과 자신을 내놓으신 것을 가리킨다. 예수 그리스도는 사람의 속성을 입으심으로 우리 모두가 쉽게 접근할 수 있게 되었다. 마치 모든 사람이 빵을 쉽게 먹을 수 있는 것처럼 … 빵을 떼는 것은 또한 십자가에서 우리 주님의 몸이 상한 것을 상기시킨다. 빵은 으깨진 밀로 만든다. 포도즙은 포도를 눌러 짜서 만든다. 이 빵과 포도즙은 모두 예수 그리스도의 죽음을 표현한다.

아울러 이것은 주님의 부활을 설명한다. 밀알이 땅 속에서 들어가 썩지만, 이제는 살아서 그 자체와 똑같은 많은 밀알을 맺는다.[82] 우리는 주의 만찬에서 그리스도의 살과 피를 먹고 마시는 것을 통해 주님의 삶을 얻는다. 이것이 사망에서 생명으로 가는 부활의 원리이다. 또 부활하신 그리스도의 나타나심은 부서진 빵과 밀접한 관계가 있다. 다시 사신 주님께서 제자들과 함께 식사하실 때, 주님은 제자들과 함께 빵을 떼셨다.[83]

마찬가지로, 부활하신 그리스도께서 엠마오로 가는 두 제자에게 나타나셨지만 빵을 떼시기 전까지는 두 사람의 눈이 가려서 주님을 알아보지 못했다. 그리스도의 몸이 하나임을 증거하는 것도 빵을 떼는 것으로 구체화된다. 초기 그리스도인들이 뗀 것은 오직 빵 한 덩어리였음을 기억하자. "이는 우리가 많아도 한 빵이요 한 몸이니 우리 모두가 그 한 빵에 참여하는 자들이기 때문이라." 고전 10:17 성경대로 빵을 나누자.

주의 만찬 때 포도주를 많이들 사용하는데 포도즙이라야 한다. 영어 'wine'은 포도즙과 포도주로 다 번역할 수 있다. 그러나 신·구약 성경 말씀을 대조하면 포도주가 아니라 포도즙이 맞다.

"또 잔을 들어 감사하시고 그들에게 주시며 말씀하셨더라. 너희는 이것을 다 마시라. 이것은 죄들을 사면하려고 많은 사람을 위해 흘린 나의 피, 곧 새 언약의 피이기 때문이라. 그러나 내가 너희에게 말하노라. 지금부터 나는 포도나무의 이 열매에서 나는 것을 마시지 않으리라. 내가 내 아버지 왕국에서 너희와 함께 그것을 새롭게 마실 때까지." 마 26:27~29

주의 만찬에 사용되었던 음료에 대한 것은 오직 '잔'으로 기록되어 있을 뿐이다. 그러나 '포도나무의 이 열매에서 난 것'이라는 기록에서 이것이 포도 열매에서 나는 음료임을 알 수 있다. 누룩 없는 빵은 주님의 죄 없으신 육신을 상징하지만, 포도 음료는 발효된 것인지 아닌지에 대한 정확한 언급이 없다. 하지만 주의 만찬에서 포도주wine를 사용했다는 기록은 어디에도 없다.

많은 사람들이 주의 만찬의 모형을 구약에서는 찾을 수 없다고 생각하지만 이미 구약 성경에 나타나 있다. 이것은 이스라엘 사람들이 광야의 긴 여행을 하는 중에 선포된 것이다. "또 너는 검붉은 포도즙을 마셨도다." 신 32:14 영어 성경에는 'thou didst drink the pure blood of the grape'로 되어 있다. 여기서 'blood'는 '피'라는 뜻도 되지만 '붉은 수액'을 의미하기도 한다.

우리는 하나님의 말씀에서 주의 만찬에 사용되었던 음료가 포도즙이란 것을 알 수 있다. 이와 비슷한 기록은 창세기에도 찾아볼 수 있다. "그가 자기 새끼 나귀를 포도나무에 매고 자기 새끼 수나귀를 제일 좋은 포도나무에 매리니, 그는 포도즙에 자기 옷을 빨고 붉은 포도즙the blood of the grapes에 자기 의복을 빨았더라." 창 49:11

우리는 더 분명한 의미를 신명기에서 찾아볼 수 있다. "너희가 빵도 먹지 못하였고 포도주나 독주도 마시지 못하였으니, 이것은 내가 주 너희 하나님인 것을 너희가 알게 하려는 것이라." 신 29:6 우리는 하나님께서는 광야 여행 중에 이스라엘을 만나와 포도나무에서 나는 포도즙으로 마시게 하셨음을 알 수 있다. 그들은 40년 동안 어떤 발효된 음료도 마시지 않았음을 알 수 있다.

죄 없는 주님의 육신이 누룩 없는 빵으로 상징되었다면 당연히 죄 없는 피는 순전한 포도즙이 되어야 하는 것이다. 대한예수교장로회 합동은 음주를 엄격히 금한다. 그래서 만찬식 때 포도주 역시 알코올이 들어갔기 때문에 허용하지 않는다. 장로교 합동 측은 당연히 포도즙을 마신다.

고린도 교회가 주의 만찬에 포도주를 마셨기 때문에 신약의 여러 교회가 포도주를 사용했다고 생각할지도 모른다. 하지만 주의 만찬

때 고린도 교회가 포도주를 사용했다는 기록은 없다. "그러므로 너희가 한 곳에 함께 모일 때에 이것이 주의 만찬을 먹는 것이 아니니, 이는 먹을 때에 각자 자기 만찬을 다른 사람보다 먼저 먹으므로, 어떤 사람은 배고프고 또 다른 사람은 취해 있기 때문이라." 고전 11:20~21 이 말씀은 포도주를 먹고 취한 것은 주의 만찬을 먹으려는 것이 아니라는 것을 증명한다. 이것은 잘못된 만찬의 개념에서 출발된 것이지 고린도 교회가 주의 만찬에서 알코올이 포함된 포도주를 사용했다는 증거가 될 수는 없다.

어떤 이는 예수님께서 주님의 만찬을 제정하실 때 유월절 만찬을 대치하신 것이므로 포도주를 사용한 것이 틀림없다고 주장한다. 그러나 구약의 유월절 만찬에서 포도주를 사용한 기록은 전혀 없다. 또 어떤 이는 이스라엘 팔레스타인은 무더운 날씨이기 때문에 포도즙을 오래 보존할 수 없다고 생각한다. 그러나 윌리엄 패턴 William Patton 은 아니라고 했다. 이스라엘 전통 방식에 따르면 포도즙을 오랫동안 보존할 수 있는 방식이 다섯 가지나 있었다.

인간의 이성과 전통은 포도주를 주장하지만 그것은 성경에 근거가 없다는 것이 증명되었다. 이제 우리는 주의 만찬 때 어떠한 자세와 재료를 택할 것인가? 순수한 포도즙인가? 아니면 인간의 이성과 전통으로 만들어진 포도주인가?[84]

주의 만찬은 식사인가 의식인가

오늘날 수많은 교회들이 하는 관행과는 달리 초대 교회는 주의 만찬을 평소에 하는 식사와 연계해서 행했다. 예수님께서 주의 만찬을 제정하셨을 때, 그것은 유월절 잔치의 일부로 행하셨다. 유월절은 이스라엘 백성이 이집트를 탈출하기 전날 밤에, 출입문 양쪽 기둥과 아래, 위쪽 받침대에 어린양의 피를 뿌림으로 죽음의 천사가 그 집을 넘어간 것을 기억하는 날이다.

유월절에는 누룩 없는 빵을 먹었다. 사실 유월절은 주의 만찬의 전조였다. "주님께서 그들에게 말씀하시기를, 내가 고난을 받기 전에 너희와 함께 이 유월절 어린양 먹기를 원하고 또 원하였느니라 … 또 그분께서 빵을 들어 감사하시고 그것을 그들에게 떼어주시며 말씀하시기를, 이것은 너희를 위하여 주는 내 몸이니라. 이것을 행하여 나를 기억하라, 하시고 만찬 후에 잔도 그와 같이 하여 말씀하시니라. 이 잔은 내 피 안에 있는 새 언약이니, 곧 너희를 위하여 흘리는 것이니라." 눅 22:15, 19~20

고린도전서 11장은 초기 그리스도인들이 주의 만찬에 참여하고자 모였을 때, 식사도 같이 한 것을 알려준다. '만찬'은 식사 또는 잔치라는 뜻이다. 1세기 그리스도인들에게는 주의 만찬이 그냥 저녁 식사였다. 잔치였다. 빵과 포도즙이 포함된 늘상 먹는 저녁 식사였고 가족 잔치였고 교제를 위한 모임이었다.

좀 더 부유한 그리스도인들은 만찬을 가지고 불우한 형제들에게 자신들의 사랑과 관심을 표현했다. 주의 만찬에서 초기 성도들은 계층과 종족의 사회 구분을 넘어서서 자신들의 일치됨과 하나 됨을 드

러냈다. 그래서 초대 교회는 주의 만찬을 '사랑의 잔치', 즉 '애찬'이라고 불렀다.[85]

그런데 수백 년 된 교회 전통이 형제들의 식사를 하나의 이교도 의식으로 바꾸어 버렸다. 빵을 함께 떼는 공동체 의미가 사라져 버렸다. 이것은 더 이상 주의 만찬이 아니다. 사람들의 모임은 추억들을 공유함으로써 정체성과 소속감을 얻었다. 그 통로 중 하나가 식사를 함께 나누는 것이다. 하나님의 신실하신 구원을 다시 돌아보기 위한 방법으로 구약 성도들은 유월절 식사를 같이 했다. 유월절 식사는 구약 성도들에게 정체성과 소속감을 주었다.

그러나 그 이상의 무엇인가가 있었다. 뭘까? 유월절 식사는 성도들의 삶을 하나로 묶어 주었다. 고대 유대인들에게 식사는 식사를 나누는 사람들을 연합시키는 신성한 행위로 간주되었다. 아울러 유월절은 '언약의 식사'였다. 구약 성경에 보면, 두 사람이 언약을 맺을 때는 함께 식사를 함으로 그 언약이 인증되었다. "모세가 피를 취하여 백성들에게 뿌리고 말했더라. 주님께서 이 모든 말씀에 관해 너희와 맺었던 언약의 피를 보라." 출 24:8 그리고 나서 모세와 칠십 인의 장로들은 산으로 올라가서 하나님을 뵙고, 먹고 마셨다. "그분께서 이스라엘 자손의 존귀한 자들에게 그분의 손을 대지 아니하셨기에 그들 또한 하나님을 보며 먹고 마셨더라." 출 24:11

주의 만찬은 주님의 제자들이 함께 했던 추억을 다시 돌아보는 언약의 식사이다. 이 식사를 통해 제자들이 구세주 안에서 갖게 된 새로운 정체성을 공유하고 기억하는 것이었다. "저녁 식사 후에 이와 같이 잔을 드시고 말씀하셨더라. 이 잔은 내 피 안에 있는 새 언약이니, 너희가 그것을 마실 때마다 나를 기억하면서 행하라." 고전 11:25 오늘날, 우리가 주의 만찬을 식사로 행할 때, 우리는 그리스도 안에서 하나님과 맺은 언약을 상기한다.

우리는 예수님께서 십자가에서 물과 피를 흘리고 죽으심으로 우리의 죄를 사하신 그 추억에 함께 동참한다. 그리고 주님 안에서 새로운 창조물임을 선포한다. 이것이 주의 만찬이다. 물 침례는 우리가 그리스도인으로서 믿음의 첫 걸음을 내딛는 영적 표식이다. 그러나 주의 만찬은 예수 그리스도를 향해 우리가 처음 결단한 것에 대한 재확인이다. 우리는 주의 만찬을 통해 예수님께 대한 우리의 믿음과 새로운 창조물로서의 신분을 재확인하는 것이다.

주의 만찬은 또 그리스도께서 앞으로 영광 중에 오실 것을 가리킨다. 이 세상 끝에 하늘의 신랑께서 멋진 혼인 잔치를 주관하시고, 아버지 왕국에서 그분의 사랑스런 신부와 함께 식사를 나누실 것이다. 이것이 하늘에서 있을 '어린양의 혼인 만찬'이다.[86] 그렇기 때문에 주의 만찬엔 종말의 의미가 담겨 있다. 이것은 마지막 때의 잔치이다. 앞으로 그리스도께서 다시 오실 때 벌어질 메시아의 잔치 모습이다. 그러므로 주의 만찬의 의미는 결코 그리스도의 고난을 우울하게 기념하는 것이 아니었다. 또한 그리스도인들이 자신의 죄를 참회하는 침울한 행사도 아니었다.

고린도전서 11장에서 주의 만찬 때 범한 죄는 가난한 형제들을 기다리지 않고 먼저 식사한 죄이다. 주의 만찬 때 기다리지 않고 먼저 먹는 죄를 짓지 않기를 바란다. 주의 만찬은 예수 그리스도와 그분이 행하신 일에 대한 즐거운 추억의 시간이다. 주의 만찬은 주님이 다시 오실 때 완성될 것을 선포하는 것이다. 다시 말해서, 갈보리 십자가에서의 영광스러운 승리를 상기하고 선포하는 것이다.

그러므로 주의 만찬은 잔치이다. 이것은 나눔과 감사로 특징지어지는 '기쁨의 잔치'이다. 이것은 앞으로 하늘에서 있을 '어린양 혼인 잔치'를 미리 맛보는 것이다. 더 정확하게 말하면, 주의 만찬은 신랑 예수가 신부를 위해 다시 오시도록 신부된 우리가 눈에 보이게 간청하는 것이다. "주 예수님, 그와 같이 오시옵소서!" Even so, come, Lord Jesus.[87]

하여 주의 만찬은 과거, 현재, 미래와 연관되어 있다. 주의 만찬은 과거에 우리를 위해 죽으신 주님의 희생을 다시 선포하는 것이고, 현재 주님께서 우리와 함께 늘 가까이 거하심을 다시 선언하는 것이다. 그리고 우리의 영광스런 소망인 미래에 일어날 주님의 오심을 다시 선포하는 것이다. 달리 표현하면, 주의 만찬은 그리스도인의 세 가지 주요 덕목인 믿음, 소망, 사랑에 대한 살아있는 간증이다. 우리는 주의 만찬을 통해 영광스런 구원 안에 우리 자신을 다시 든든히 세운다.

주의 만찬을 통해 우리가 한 몸임을 돌아보고 형제·자매들을 향한 우리의 사랑을 다시 표현한다. 그리고 주의 만찬을 통해 우리 주님께서 곧 다시 오실 것에 대한 소망 인에서 즐거워한다. 주의 만찬을 행함으로써 우리는 주님의 죽으심을 그분이 다시 오실 때까지 계속 전하는 것이다.[88]

안타까운 것은 로마 카톨릭교회는 주의 만찬을 문자 그대로 받아들여서, 이것을 희생제사인 미사로 바꾸어버렸다. 미사 때 둥근 빵 조각과 포도주를 먹고 마시면 그 빵과 포도주가 자신들의 몸 속에서 예수님의 살과 피로 바뀐다고 믿는다. 다시 말해서 성찬식을 행할 때마다 예수님의 희생이 자신들의 죄를 대신한다고 믿는다. 매주마다 예수님이 죽는 것이다. 이것이 화체설 transubstantiation이다. 이것이 성당에서 행하는 성체 성사 Sacrament of Eucharist이다. 이것을 매주 미사 때마다 행한다.

개신교회는 이 견해에 대한 반작용으로 주의 만찬을 성찬식 communion이라 부르면서 상징과 기념으로 만들었다. 신약 성경 고린도전서 11장 20절에는 주의 만찬 the Lord's supper이라고 정확하게 나와 있다. 성경이 말하는 주의 만찬은 문자 그대로의 희생제사도 아니고 빈껍데기 의식인 상징과 기념도 아니다. 믿음이 바라는 것들의 실체인 것처럼 주의 만찬은 영적 실체이다. 성령님은 주의 만찬을 통해서 살아계신 그리스도를 우리 마음에 또 다시 새롭게 드러내신다. 우리는 주의 만찬을 행함으로 예수님 안에 있는 우리의 믿음과 우리가 주님의 몸에 속한 지체임을 다시 확인한다.

우리는 주의 만찬을 통해 그리스도와 함께 또 주님의 사람들과 함께 식사를 나눈다. 주의 만찬은 아버지와 아들과 성령님은 '하나'이시라는 삼위일체 하나님에 의해 예시되었고 이미 경험되었다.

하나님 아버지께서는 아들 하나님에게 양식이 되셨다. "살아계신 아버지께서 나를 보내셨고 내가 아버지로 인해 사는 것같이 나를 먹는 그 사람도 나로 인해 살리라." 요 6:57 마찬가지로 아들 하나님도 우리에게 양식이 되셨다. "예수님께서 그들에게 말씀하셨더라. 내가 생명의 빵이니, 내게 오는 자는 결코 주리지 아니할 것이요, 나를 믿는 자는 결코 목마르지 아니하리라." 요 6:35 아울러 예수 그리스도는 우리의 마실 음료이시다. "모두가 같은 영적 음료를 마셨더라. 이것은 그들이 자기들을 뒤따르던 그 영적인 반석으로부터 마셨나니, 그 반석은 그리스도시니라." 고전 10:4

영원을 통틀어, 아버지는 아들의 분깃이시고, 아들도 아버지의 분깃이시다. 삼위일체 하나님 안에서는 아버지와 아들과 성령님이 각각 세 분 사이에 흐르는 신성한 생명에 동참하신다. 성경이 이렇게 함께 참여하는 것을 그리는 그림은 먹는 것과 마시는 것이다. 주의 만찬을 통해 우리는 삼위일체 하나님 안에서의 거룩한 참여를 재현하고 그것을 이 땅에서 눈에 보이게 드러내는 것이다.

이렇게 주의 만찬은 하나님 자신 안에 있는 영원한 활동에 뿌리를 둔다. 그래서 초기 그리스도인들은 교회로 모일 때 주의 만찬을 그렇게도 중시한 것이다. 주 예수님이 만드시고, 주님의 사도들이 우리에게 물려 준 것이 바로 '주의 만찬'이다. 주의 만찬을 성경대로 행함으로 이 땅에서 영원을 맛보고 살아계신 그리스도가 우리 마음에 드러나게 하시고 우리는 주님의 몸에 속한 지체임을 다시 확인하고 선포하자.

주님 다시 오실 때까지 주의 만찬을 행하자. 우리는 영원한 하늘 나라 거기서 영원히 함께 할 지체들이다.

13

사도 신경을 사도가 썼을까?

한국의 많은 교회가 예배 중에 사도 신경The Apostles' Creed을 고백하고 있다. 요즘은 사도 신경을 고백하지 않던 침례 교회도 예배 중에 사도 신경을 고백하는 교회가 생기기 시작했다. 한국침례신학대학교 김용복 교수는 사도 신경을 사용하는 침례 교회 수가 30%가 넘었다는 통계를 제시했다. 한국의 많은 교회들이 신앙으로 고백하는 사도 신경을 언급하자니 답답하다 못해 가슴이 조여 온다. 기도하면서 이 글을 쓴다. 그러나 교회는 끊임없이 개혁되어야 한다. 이 글을 통해서 사도 신경의 유래와 역사 그리고 사도 신경의 내용이 얼마나 성경의 믿음과 일치하는가를 살펴보고자 한다.

성경대로 믿는 크리스천들은 왜 사도 신경을 믿음의 고백으로 인정할 수 없는가? 첫째, 익히 알려진 것과는 달리 사도 신경은 열두 사도들로부터 유래한 것이 아니기 때문이다. 둘째, 사도 신경은 로마 카톨릭의 산물이요 유산이기 때문이다. 셋째, 사도 신경은 참 성도들의 믿음을 충분히 담고 있지 않기 때문이다. 넷째, 사도 신경은 천주교와 신약 교회를 함께 묶으려는 종교 통합 운동 Ecumenical Movement 의 매개체이기 때문이다.

로마 카톨릭을 비롯한 많은 사람들이 12개 항목으로 되어 있는 사도 신경 The Apostles' Creed 을 예수님 승천 10일째 되는 날, 사도들이 영감을 받아 한 줄씩 직접 쓴 것이라고 믿고 있다. 사도들이 예루살렘을 떠나기 전에 성도들에게 가르칠 것을 요약 정리하는 것이 그 목적이었다는 것이다. 사실 이러한 전설은 주후 4세기의 루피너스 Rufinus 가 『사도 신경 주석』을 쓰면서 사도 신경을 열두 사도가 한 줄씩 썼다고 주장한 데서 기인한다.

먼저 알아야 할 것은 사도 신경은 사도들이 쓰지 않았다는 사실이다. 열두 사도들은 주후 1세기 전에 다 죽었다. 그런데 사도 신경은 주후 4세기부터 7세기에 걸쳐 완성됐다. 사도 신경의 최종 완결자는 독일의 수도승 프리민 Pirminius 이다. 교회 역사 학자인 필립 샤프 Philip Schaff 도 사도 신경이 오랜 시간에 걸쳐 발전되었다고 인정하고 있다.[89] 사도 신경은 주후 2세기경 카톨릭교회로부터 태동된 '신앙의 규율'에 그 뿌리를 두고 있다. 역사 속에서 수많은 성도들을 살해했던 로마 카톨릭은 사도 신경을 이단 판정의 기준으로 사용해 왔다. 피 흘린 발자취가 참된 교회의 역사요 특별히 신약 교회의 역사가 아니던가 … 참된 주님의 교회라면 이 역사를 잊지 말아야 한다.

심지어 주후 1440년에 교황청의 고위 관직을 지낸 바 있는 카톨릭 학자, 로렌티우스 발라^Laurentius Valla도 사도 신경을 사도들이 쓰지 않았다는 사실을 처음으로 지적했다. 그러니 이것을 사도 신경이라고 부르는 자체가 잘못이다. 그것도 신조나 신앙 고백에 불과한 것을 성경에 버금가는 신경^Creed이라고 부르는 것은 불경스러운 일이다. 더더군다나 예배 중에 사도 신경을 하거나 하지 않는 것으로 교회의 정통성이나 이단성을 가늠하는 것은 더욱더 잘못된 일이다.

사도 신경은 종교 개혁자들이 로마 카톨릭을 떠나오면서 주님의 몸 된 교회로 가지고 들어온 것이다. 유아 세례^infant baptism와 더불어 로마 카톨릭교회의 잔재요 유물이다. 루터나 칼빈 같은 종교 개혁자들이 중세 암흑시대를 깨뜨리고 개신교를 시작한 것은 그 공로가 크다 하겠다. 그러나 로마 카톨릭의 누룩^leaven인 사도 신경과 유아 세례를 그리스도의 교회에 가지고 들어온 것은 크나큰 과오라고 할 수 있다.

성도의 공식 신앙 문서는 오로지 성경이다. 그래서 전 세계에 흩어져 있는 일억 명의 침례 교인들은 사도 신경을 고백하지 않는다. 진실이 이러한데도 전통 때문에 또는 교회 성장을 위해 사도 신경을 고집하는 것은 갈라파고스 증후군^Galapagos Syndrome이 아닌가 생각된다. 작은 것을 고집하다가 큰 것을 잃어버릴 수 있다는 말이다.

영어 원문 사도 신경을 살펴보면 사태는 많이 심각하다. 동정녀 마리아는 'the Virgin Mary'로 되어 있는데, 이것은 천주교의 성모 마

13 사도 신경을 사도가 썼을까?

리아, 즉 하늘의 여왕을 일컫는 말이다. 분명히 성경에는 한 처녀 마리아, a virgin Mary로 되어 있다.[90]

또 "거룩한 공회를 믿사오며"라고 되어 있는데, 그 영어 원문은 "I believe in The Holy Catholic Church"이다. 거룩한 카톨릭교회를 믿는다는 것이다. 참 성도라면 카톨릭교회[91]를 믿음의 대상으로 할 수 있겠는가! 마틴 루터는 사도 신경에 있는 '거룩한 공회를', '거룩한 교회'로 바꿔서 고백하게 했다. 그런다고 해서 사도 신경의 근본 문제점이 해결되는 것은 아니다. 영문에는 '거룩한 카톨릭교회'로 되어 있으나, 한글 번역에는 '거룩한 공회'로 번역되어 있다.

교회라는 단어는 성경에서 단수 church로 80회, 복수 churches로 37회 쓰였다. 교회는 성경에서, 영광스런 교회[92], 이방인들의 모든 교회[93], 그리스도의 교회들[94], 하나님의 교회들[95], 성도들의 모든 교회[96], 하나님의 교회 등으로 표현하고 있다. 하지만 단 한 번도 거룩한 교회 holy church라고 표현하지 않았다. 하물며 로마 카톨릭교회를 '거룩한 교회'로 부를 수 있겠는가!

뿐만 아니라 "성도가 서로 교통하는 것을 믿사오며" 했는데, 영어 원문은 "I believe in The Communion of Saints"이다. 그러나 카톨릭에서는 이것을 "성도들의 통공을 믿사오며"라고 암송한다. 그것은 "기도를 통해 죽은 자와 교제한다."는 무서운 뜻이다.

어떤 사람들은 "로마 카톨릭 쪽에서 뭐라고 하든지 간에 우리 쪽에서 알아서 이해하고 쓰면 되지 않겠나."라고 말한다. 그것은 로마 카톨릭과 그 사상을 모르고 하는 순진한 이야기이다. 사도 신경은 천주교와 신약 교회를 통합하려고 로마 카톨릭이 보낸 누룩인 것이다. 마틴 루터와 존 칼빈은 로마 카톨릭 교황을 적그리스도^{antichrist}라고 과감하게 외쳤다. 조나단 에드워즈와 신실한 침례교 목사였던 스펄전도 로마 카톨릭의 이단 사상을 계속해서 경고했다. 심지어 장로교 목사였던 마틴 로이드 존스는 에베소서를 강해하면서 로마 카톨릭 사상은 마귀의 최고 걸작품이라고 설교했다. 성경 요한계시록은 로마 카톨릭을 음녀 바벨론이라고 말씀한다.[97]

사도 신경은 영성 훈련이라는 용어와 더불어 로마 카톨릭의 종교 통합 운동 도구로 쓰이고 있다. 사도 신경은 열두 사도들로부터 유래한 것이 아니다. 사도 신경은 로마 카톨릭의 산물이요 유산이다. 사도 신경은 참 성도들의 믿음을 충분히 담고 있지 않다. 시대가 변하면 성경 말씀이 변하는가? 진리와 전통 사이에서 무엇을 택할 것인가? 독자 제위의 현명한 판단을 기대한다.

14

우리는 사도 신경을 고백해야만 하는가?

한국교회는 여러 가지 복잡한 현안 문제들로 몸살을 앓고 있다. 그러던 차에 2013년 현재, 세계교회협의회^WCC 제10차 부산 총회로 인해 보수와 진보 교단이 갈라져 갈등이 심화되고 있다. 최근에 모 기독교 단체에서 말한 것처럼 WCC의 신학과 이론은 비판하되 보수와 진보가 하나 되는 길은 버리지 말아야 하겠다. 조국 교회가 복음 안에서 하나가 되는 것은 바람직한 일이니까…

한국교회가 나뉘어져 있는 것이 또 하나 있다. 사도 신경^Symbolum Apostolicum이다. 예배할 때 사도 신경을 고백하는가 아닌가로 나뉜다. 앞장에서 사도 신경 고백 문제를 다루었기에 여기서 다시 논하지는 않겠다. 사도 신경은 처음에는 헬라어로 되어 있었고 로마 신경^Roman Creed이라 불렸다.

이번에는 사도 신경 안에 복음과 교리가 얼마나 들어 있는지를 살펴보려 한다. 사도 신경은 참 성도들의 믿음을 충분히 담고 있는가? 과연 그리스도인으로서 우리가 믿고 있는 중요한 모든 교리들이 사도 신경 안에 요약되어 담겨져 있는가? 유감스럽게도 사도 신경에는 우리 그리스도인들이 믿는 보편타당하고 확실한 교리들이 너무나 많이 빠져 있다.

먼저, 사도 신경에는 '성경'이 어떤 책인지에 대한 아무런 언급이 없다. 복음이 무엇인가? 복음은 "성경 기록대로 그리스도께서 우리 죄들로 인해 죽으시고 묻히셨다가, 성경 기록대로 셋째 날에 다시 일어나셨더라."는 것이다.[98] 따라서 우리가 믿는 바를 요약해 놓은 고백문에는 무엇보다도 우리 믿음의 근거인 성경 The Holy Bible에 대한 고백이 들어갔어야 마땅하다.

둘째로, 사도 신경에는 어떻게 죄 사함 받는지에 대한 고백이 없다. 우리는 예수 그리스도의 피로 속죄함 받고, 그 피로 구원 이후에 짓는 모든 죄도 고백하면 깨끗해지고, 그 피 공로 의지하여 하늘에서 하나님 존전에 설 수 있다. 죄 사함의 근거가 창세로부터 죽임 당하신 어린양[99] 예수 그리스도의 피에 있다고 믿는다면, 왜 그 내용을 신앙 고백에 포함시키지 않는가?

셋째로, 사도 신경에는 구원은 행위가 아닌 믿음으로 받는다는 언급이 없다. 성경은 우리가 행위가 아닌 '믿음으로' 구원받는다고 증거한다. 그러나 사도 신경 어디에도 이러한 신앙 고백을 찾아볼 수 없다. 사도 신경의 기원이 로마 카톨릭에 있다는 사실을 기억하는가? 그들이 구원 문제에 관해서 어떻게 믿고 가르치는지 점검해 본 적이 있는가? 그들은 오직 로마 카톨릭교회를 통해서만 구원이 가능하다고 주장한다. 로마 카톨릭교회의 구원관은 침례 중생^{baptismal regeneration}이다. 다시 말해서 아기 때 영세^{infant baptism}를 받는 행위를 통해 구원받는다고 주장한다. 이것은 행위 구원이다. 진정한 신앙 고백이라면 행위 구원이 아니라 믿음을 통해 은혜로 구원을 받았다고 고백해야 한다.

넷째로, 사도 신경에는 천국과 지옥을 분명하고 확실하게 보여주는 언급이 없다. 사도 신경의 마지막 부분은 "몸이 다시 사는 것과, 영원히 사는 것을 믿사옵나이다."로 끝맺음을 하고 있다. "영원히 사는 것을 믿사옵나이다." 또는 "영원한 생명을 믿사옵나이다."라는 고백은 어디에서 영원히 사는지에 대한 고백을 포함하지 않는다. 우리는 천국^{Heaven}에서 영원히 산다.

다섯째로, 사도 신경은 예수 그리스도께서 왜 죽으셨는지에 대해 아무런 암시도 하지 않는다. 사도 신경은 예수님이 십자가에 못 박히시고, 죽으시고, 무덤에 머무신 사실을 차례로 꼼꼼하게 서술하고 있지만, 그분께서 왜 죽으셨는지에 대해서는 아무 말도 하지 않는다. 성도라면 대속의 은혜를 어찌 고백하지 않을 수 있으리…

여섯째로, 사도 신경은 예수 그리스도께서 이 땅에 육체로 계시는 동안 죄 없는 삶을 사셨다는 사실을 언급하지 않는다. 그분께서 죄 없는 삶을 사셨다는 것이 왜 중요한가? 만일 예수 그리스도께서 육체로 계시는 동안 단 한 번이라도 죄를 지으셨다면 그분의 대속 사역은 무효가 된다. 그러면 그분은 점과 흠이 없는 하나님의 어린양으로서의 자격을 상실하게 되기 때문이다.

일곱째로, 사도 신경에는 예수님의 삶에서 고갱이라 할 수 있는 지상 사역에 관한 언급이 전혀 없다. 동정녀(?)로부터의 탄생만 언급하고는 곧장 고난과 부활로 넘어가 버린다. 그렇다면 예수님이 지상에서 사역하신 3년 6개월의 사역[100]은 신앙 고백에 포함되지 못할 정도로 가볍단 얘긴가? 예수님의 지상 사역 가운데 모든 병을 고치시고 악령을 내쫓으시고 하나님 왕국을 전파하신 내용도 우리의 신앙 고백 안에 포함돼야 한다. 주님의 지상 사역 가운데 가장 중요한 것 하나가 마귀^{The Devil}를 제압하신 것이다. 우리가 마귀를 섬기진 않아도 마귀의 존재는 인정하지 않는가? 사도 신경엔 우리의 대적 마귀에 관한 것이 전혀 반영돼 있질 않다.

마지막으로, 사도 신경에는 삼위일체^{trinitas}를 직접 드러내는 신앙 고백이 없다. 모든 그리스도인들이 예배할 때 신앙 고백을 해야 한다면, 하나님 아버지뿐 아니라 예수님께서 전능하신 하나님이신 것과 성령님께서 전능하신 하나님이신 것에 대한 고백도 당연히 포함되어야 한다. 성삼위 하나님은 영광과 존귀와 찬양을 받으시기에 합당한 우리의 하나님이시다.

이상에서 살펴본 것처럼 니케아 신조 등에 기초한 사도 신경의 내용은 성삼위 하나님에 관한 핵심만 간추려 나열했다고 하지만, '핵심'도 아닐 정도로 빈약하다. 우리의 신앙 고백으로는 너무 부족하단 얘기다. 사도 신경의 내용 대부분이 카톨릭 중심인 탓이다. 그래서 개혁교회로서는 후대에 이를 보충하는 도르트 신조, 웨스트민스터 신조, 하이델베르크 신조 등 수많은 신조들이 더 필요하게 됐다.

사도 신경의 이런 취약점과 역사 기록의 부실함 때문에 전 세계 침례 교회와 수많은 복음주의 교회들은 사도 신경을 예배 때 고백하지 않는다. 더구나 의식문으로 암송하지 않고 교인들에게 강요하지도 않는다. 예배 때 사도 신경을 외우지 않는다고 '이단' 운운 하는 것은 더 우습다. 복음주의 교회 대다수가 사도 신경 내용 이상의 것을 믿는다는 사실을 알아야 한다. 사도 신경 이상의 것! 그렇다. 그것은 성경 전체다.

초기 사도들의 시대로부터 계속해서 내려오는 신앙 고백이 있다. 이것은 아마 가장 오래되고 단순한 사도들의 신앙 고백일 것이다. 당연히 로마 카톨릭에서 온 오늘날의 사도 신경과는 다르다. 다음은 그 고백 내용이다.

"하늘과 땅의 전능하신 창조주이시며, 아버지이신 한 분 하나님을 믿는다. 우리 하나님 그분에게서 유일하게 나신 주 예수 그리스도를 믿는다. 그분은 성령님으로 잉태하사 한 처녀 마리아에게서 태어나신 분이다. 우리의 죄 때문에 본디오 빌라도에게 고난 받으시고, 나무에 달려 못 박혀 죽으시고 장사되셨다. 삼 일 후에 죽은 자 가운데서 다시 살아나시어 하늘에 오르사 전능하신 아버지 하나님의 우편에 앉아 계시며 거기서 산 자와 죽은 자를 심판하러 오실 것이다. 나는 거룩한 성령님을 믿는다. 나는 성도들의 모임이요 거룩한 그리스도인인 교회를 믿는다."[101]

결론을 말하자면 예수 그리스도를 구세주로 고백하고 영접한 그리스도인이 모인 교회라면 사도 신경을 예배 때 외우는 관행을 중단해야 한다고 생각한다. 이에 관해서는 성경 말씀과 초기 사도들의 고백을 근거로 한 충분한 토론이 필요한 때라고 본다. 하여 제안을 하나 하고자 한다. 조국 교회가 유감없이 사용할 수 있는 신앙 고백 요약문이 필요하다면, 성경에서 다시 만들어야 한다. 처음 교회 나온 사람이나 기존 신자의 신앙 교육에도 큰 도움이 될 것이다. 지역 교회를 담임하는 목사가 이 정도 글을 썼으니, 남은 과제를 신학교의 유능한 교수님들이 맡아 주기를 갈망한다.

15

크리스마스의 진실

새벽송의 추억이 그립다. 크리스마스 전날이 되면 밤이 맞도록 집집마다 다니면서 크리스마스 캐롤을 불렀다. '화이트 크리스마스'의 선율은 또 얼마나 감미로웠는지 … 참 아련하고 따뜻한 추억이다. 그러나 이제는 잊어야만 하는 추억이 되어버렸다. 가슴이 아프다. 크리스마스의 진실을 알고 나서는 더 이상 크리스마스와 관련된 축제(?)를 즐길 수가 없게 되었다.

12월 25일 크리스마스는 그리스도께서 탄생한 날로 달력에 지정된 날이다. 그러나 이 날이 정말 그분이 탄생한 날인가? 오늘날 교회에서 행하는 크리스마스 관습들인 트리 장식, 산타클로스, 캐롤송, 선물 교환 따위는 기독교의 기원을 갖고 있는가? 아니면 고대 이교주의Cult의 산물인가?

먼저 '크리스마스'라는 단어의 어원을 찾아보자. 크리스마스^{Christmas}는 그리스도^{Christ}와 미사^{Mass}가 합쳐진 것이다. 미사란 라틴어 'Massa'에서 나온 말이다. 로마 카톨릭에서 그리스도의 미사^{Christ's Mass}는 그리스도의 탄생을 축하하는 특별한 미사이다. 미사는 예배가 아니라 제사이다.

크리스마스는 초기 교회의 축제들 중에는 없었다.[102] 그 축제의 기원은 이집트이다. 크리스마스는 정복할 수 없는 최고 신神인 태양신 축제일로 지켜진 것이다.[103] 태양신 축제인 크리스마스는 마시고 즐기며 술 취하고 아기들을 바알에게 희생 제물로 바치는 날이었다. 크리스마스 이브^{Christmas Eve}는 사실 아베 마리아^{Ave Maria} 축제의 날이다. 로마 카톨릭의 성모 마리아는 하늘의 여왕 세미라미스^{Semiramis}의 다른 유형이다.[104] 세미라미스는 고대 바빌론 군주인 니므롯의 아내였다가 자신이 낳은 아들 담무스^{Tammuz}와 결혼한 여자였다.

베일리^{Cyril Bailey}의 『그리스와 로마의 유산』^{L'héritage de la Grèce et de Rome}에 보면 크리스마스 시즌과 관련하여 선물을 주고받는 것은 이교주의의 잔존물인 농신제의 유물이다. 물론 선물을 주는 것 자체가 잘못된 것은 아니다.[105] 그러나 크리스마스 선물을 동방 박사들이 예수님께 드린 예물과 연결시키는 것은 옳지 못하다. 동방 박사들이 도착했을 때 예수님은 목자들이 찾아왔을 때처럼 구유에 누워있지 않았다. 아장아장 걸으며 집에 계셨다.[106] 목자들은 구유에 누인 갓난 아기 'baby'를 보았고 박사들은 집에 있는 어린아이 'young child'를 보았다.[107] 박사들의 방문은 예수님 탄생 이후 1년에서 2년 사이에 이

15 크리스마스의 진실 113

뤄졌다. 물론 그들은 예수님께 예물을 드렸지, 자기들끼리 주고받은 것은 아니라는 것을 알아야 한다.[108]

또한 크리스마스 때가 되면 교회들이 바빌론 농신제 악습에서 유래된 상록수 숭배[109]를 크리스마스 트리 Christmas tree 라는 이름으로 세워두었다. 거기에다 태양, 달, 별을 상징하는 구슬과 전등 등을 달아두고 촛불을 켜두지 않는가! 촛불 Candles 은 고대 바빌로니아인들이 자기들의 신을 기념하기 위해 켜놓은 것이었다. 익히 알다시피 촛불은 로마 카톨릭 의식의 중요한 한 부분이다. 이 촛불은 이교주의의 관습에서 빌려온 것이다. 불교나 힌두교도 법당이나 사원에 촛불을 켠다는 것을 상기한다면 송구영신 예배에 촛불을 켜는 것은 다시 생각해야 할 문제이다. 고대 바빌론 전설은 죽은 그루터기에서 새 상록수가 솟아나는 것을 담무스를 통해 니므롯이 부활한 것으로 보았다. 로마에서는 농신제 기간 중 붉은 열매들로 전나무를 장식했다.[110]

크리스마스 트리 Christmas Tree 는 겨울 신神의 신성한 나무이다. 오랜 세월 동안 상록수 evergreen trees 는 행운의 상징이요[111] 다가올 다산의 해를 위한 소망이었다. 하여 겨울 동안에 집에 들여다 놓았다. 크리스마스 트리에 매다는 오각형 별은 최초의 적그리스도였던 니므롯 Nimrod 의 신성한 상징이다.[112] 오늘날 크리스마스 시즌에 트리를 장식하는 관습과 대언자 예레미야의 말을 비교하는 것은 아주 흥미가 있다.[113] 그때도 숲에서 나무를 베어 와서 은과 금으로 장식했다.

요즘 많은 도시에서 크리스마스 트리 축제가 유행이다. 그리스도인에게는 눈에 보이는 것보다 속이 더 중요하다. 화려한 크리스마스 트리의 불빛으로 교회를 알리는 것보다는 그리스도인의 빛과 행실로 교회를 알리는 것이 더 중요하다. 19세기 미국 감리 교인들은 얼마나 신실했는지 감리 교인인 것이 확인만 되면 담보 없이 은행에서 대출을 해줬다고 한다. 이런 것이 바로 진정한 그리스도인의 빛과 행실이 아니겠는가!

산타 클로스Santa Claus 이야기를 안 하고 넘어 갈 수가 없다. 성 니콜라스Saint Nicholas는 주후 4세기경 로마 카톨릭의 신부였다. 네덜란드 주교였던 니콜라스의 본명은 산트 니콜라스Sant Nikollas다. 이집트에서 섬기는 북극 사랑의 신 베스Bes 전설과 혼합되어 오늘날 산타 클로스가 된 것이다.[114] 현대에 와서는 1931년 새터데이 이브닝 포스트지Saturday Evening Post에 실은 광고에서 지금의 산타 이미지를 처음으로 선보였다. 산타클로스의 빨간 옷은 로마 카톨릭 주교들과 추기경들이 입는 붉은 옷이나 주황색 옷에서 온 것이다.

산타 클로스는 독일에서는 'Christ Kindl'로 알려져 있다. 크리스트 킨들은 영어로 'Christ Child', '아기 그리스도'이다. 아기 그리스도는 없다. 그리스도는 주님이시요, 우리 하나님이시다. 구유에 계실 때에도, 삼십삼 년 육 개월 공생애 동안에도 그리고 부활 승천하신 이후에도 예수 그리스도는 주님이시다. 예수 그리스도는 더 이상 유아a baby나 어린아이a child가 아니시다.

사무엘 버틀러Samuel Butler의 소설 『Erewhon』은 'nowhere' 라는 단어

15 크리스마스의 진실

의 철자를 거꾸로 배열하여 만든 것이다. 'mean'은 철자 순서를 변경시켜 'name'으로 바꿀 수 있다. 이런 것을 영어에서는 글자 수수께끼 Anagram 라고 한다. 산타 Santa의 어원은 사탄 Satan에서 유래된 것이다. 'Santa'는 철자 'n'이 맨 뒤로 가면 'Satan'이 된다. 영어학으로도, 어원으로도, Santa 산타는 Satan 사탄의 상징이다. 그뿐인가! 산타 클로스가 탄 썰매를 이끄는 루돌프 사슴은 바빌론에서는 니므롯 게쉬-다르의 상징이다.[115]

크리스마스 캐롤 carol은 어떤가? 13세기에 아기 예수의 탄생일을 축하하기 위해 아씨시의 성 프랜시스 St. Francis of Assisi 사제가 마구간을 만들어 놓고 그 앞에서 노래하고 춤추는 것을 권장했다. 여기에서 크리스마스 캐롤이 시작되었다. 크리스마스 캐롤의 대표곡인 '울면 안 돼' Santa Claus is coming to town는 신성을 모독하는 노래이다. "산타 할아버지는 알고 계신대. 누가 착한 앤지 나쁜 앤지. 오늘 밤에 다녀가신대. 잠 잘 때나 일어날 때 짜증낼 때 장난할 때도 산타 할아버지는 모든 것을 알고 계신대. 울면 안 돼 울면 안 돼. 산타 할아버지는 우리 마을을 오늘 밤에 다녀가신대." 산타 할아버지가 전 세계 어린이가 뭘 하는지 알고 있고, 무엇을 원하는지 알고 있고 그리고 세계 곳곳에서 동시에 선물을 나눠줄 수 있다고? 그렇다면 산타는 전지전능하고 무소부재한 신 god이 아닌가.

우리가 부르는 찬송가에도 문제 있는 캐롤송이 있다. 찬송가 112장, '그 맑고 환한 밤중에'라는 곡을 쓴 에드먼드 시어즈 Edmond H. Sears는 유니태리언파 목사였다. 그는 그리스도의 신성, 처녀 탄생, 삼위일체 등을 믿지 않는 사람이었다. 하지만 노래 가사는 봐줄 만하다. 더 심각한 것은 찬송가 109장, '고요한 밤 거룩한 밤' Silent night, holy night 이다. 이 노래는 로마 카톨릭 신부 조셉 모르 Joseph Mohr 가 작사하고, 카톨릭 성당 반주자인 프란쯔 그루버 Franz X. Gruber 가 작곡했다. 복음은 없으며 성자의 머리 뒤에 있는 후광 halos 에 대한 로마 카톨릭의 미신을 포함하고 있다.

1620년대 미국의 청교도들은 크리스마스에 선물이나 인사를 주고받거나 좋은 옷을 입고 맛있는 음식을 차려 먹는 행위를 사탄의 관습으로 간주해 금지했다. 위반할 경우에는 5실링의 벌금을 물도록 했다. 왜냐하면 이 날이 태양신을 기념하는 축제일이라는 것을 알고 있었기 때문이다. 1620년, 미국에 건너온 청교도 이민 기록에는 메사추세츠 법원이 크리스마스를 지키는 사람들을 형사법으로 처벌하는 것까지 나와 있었다. 실제로 미국은 1870년까지 크리스마스를 연방 휴일로 지정하지 않았다.[116] 지금 교회들은 과연 말씀대로 행할 용기와 결단이 있는지...

하나님의 사람, 아더 핑크 Arthur W. Pink 가 남긴 말이다. "크리스마스 놀이는 성경에 근거가 전혀 없는, 완전히 세상에 속한 것으로서 로마 카톨릭의 이교도 관례이므로, 더 이상 당신이 이 열매 없는 어둠의 일과 교제할 수 없음을 분명히 말하십시오. 당신이 주님께 속한 자유인이므로 세상에 속한 이 값비싼 관습에 매여 있을 수 없음도 말입니다."[117] 오늘날의 많은 크리스마스 관습들이 기독교 이전의 이교주의에 그 기원을 두고 있다는 사실은 널리 인정되어 왔다. 그렇다면 이로 인해 그리스도인이 크리스마스 시즌에 가족들과 친구들과 함께 식사를 하고 교제를 하는 것을 거절해야 하는가?

크리스마스를 지나치게 반대하는 것은 오해와 분란의 소지가 될 수도 있다. 적당히 균형을 유지하고 극단을 피하는 것이 필요하다. 보다 활기차게 얘기하자면 성탄절을 주님이 다시 오시는 날을 기다리는 소망의 날로 삼는 것이 바람직하다고 본다. 또 성탄절을 예수 믿지 않는 사람들에게 예수님을 전하는 계기로 삼는 것도 좋겠다. 그렇지만 이 날이 세상과 타협하는 날이 되고 성경이 금하는 일들을 하는 날이 되어서는 안 될 것이다. 어쨌든 주님은 오셨고 지금 우리와 함께 계시고 또 다시 오실 것이다. 할렐루야!

16

응답하라 12월 25일

드라마, '응답하라 1988'이 인기였다. 그 시절을 살았던 사람들에게 향수를 불러일으켰다. 젊은이들에게는 호기심 천국이었다. '응답하라 12월 25일'도 관심을 끌면 좋겠다. 초대 교회의 추억을 불러 올 수만 있다면 얼마나 좋을까. 예수님은 12월 25일에 오셨는가? 우리는 그 날을 기념해야 하는가? 성경과 역사 기록을 살펴보자. 12월 25일은 예수님의 생일이 아니라 태양신의 생일이다. 이 날은 태양신 축제의 날이다. 12월 25일이 어떻게 태양신 축제의 날이 되었는가?

히슬롭A. Hislop의 책 『두 개의 바빌론』으로 가보자. 고대 바벨론 왕국은 바벨탑을 쌓기 이전부터 태양을 생명으로 숭배하기 시작했다. 창세기에 보면 니므롯Nimrod이 바벨이라는 큰 성을 세우고 하나님 앞에 첫 용사가 되었다.[118] 니므롯이 죽은 후에 그의 아내 세미라미스Semiramis가 니므롯을 태양신으로, 자신을 달의 여신으로 숭배하도록 강요했다. 그때부터 12월 25일은 태양신 숭배의 날로 지켜지기 시작했다. 에스겔서에도 태양을 경배하는 기록이 있다.[119] 바벨론의 태양신 숭배는 메데, 페르시아, 헬라 그리고 로마 제국으로 이어져 내려왔다. 그러다가 로마 카톨릭이 주후 5세기경에 12월 25일을 예수님 생일로 영원히 지킬 것을 명령했다. 그때부터 크리스마스 성탄절이 시작된 것이다. 크리스마스는 '그리스도의 미사'라는 뜻이다.[120] 미사는 예배가 아니라 제사이다.

예수님은 언제 태어나셨을까? 성서학자 할레이 H. Halley 박사의 이야기를 들어보자. "예수님 공생애 기간이 3년 6개월이라는 것은 널리 알려진 견해이다. 예수님 공생애 기간에 유월절이 세 번 있었다. 성전을 깨끗이 하실 때,[121] 예루살렘을 방문 하셨을 때[122] 그리고 5천 명을 먹이실 때[123]였다. 이렇게 공생애 기간 동안 세 번의 유월절을 지키시고 네 번째 유월절이 되는 주후 30년 4월 14일 수요일 저녁에 돌아가셨."[124] 계산하면 예수님의 공생애는 3년 6개월이 된다. 이것을 거꾸로 추적해보면 예수님은 주전 4년 유대력 니산월 7월 중순인 장막절에 태어나신 것으로 추정된다.

이제 역사를 거슬러 올라가보자. 누가복음 2장에 수리아 총독이었던 구레뇨 이야기가 나온다. 구레뇨의 로마 이름은 퀴리누스 Publibu Sulpicius Quirinus 이다. 구레뇨는 시리아 총독을 두 번 했는데, 그 첫 번째 총독 임기가 주전 4년부터 주전 1년까지로 밝혀졌다.[125] 예수님은 주전 4년에 태어나셨다. 자, 그러면 생각해보자. 구레뇨 Cyrenius 가 수리아에서 총독을 두 번 했다면, 유대력으로 7월, 로마력으로는 10월에 그가 첫 번째 총독 임무를 시작했다는 것을 보여준다.[126] 구레뇨가 시월에 첫 번째로 총독에 임명되었고, 첫 번째 임명되었을 때 호적 시행령이 있었다면 그리고 예수님이 그 호적 정리 기간 중에 태어나셨다면, 역사는 예수님이 시월에 태어나신 것을 확증하는 것이다.

더구나 로마 황제 가이사 아구스도 Caesar Augustus가 세금을 거두기 위해 호적 등록 명령을 내린 때는 가을이었다. 로마 정부는 항상 세금을 추수가 끝난 가을에 거두었다. 한겨울에 조세 등록을 했음을 보여주는 고대 문헌은 하나도 없다. 요셉이 베들레헴에 호적 등록하러 간 때는 그냥 호적만 하러 간 것이 아니다. 그때는 이스라엘 백성들이 1년에 세 번 가는 명절 중 가을 명절인 장막절 기간이었다.[127] 이렇게 역사의 기록은 예수님이 주전 4년 10월에 태어나신 것을 지지한다.

성경은 뭐라고 말씀하는가? 누가복음 2장에 목자들 얘기가 나온다. "바로 그 지역에서 목자들이 들에 거하며 밤에 자기 양떼를 지켰더라."[128] 이스라엘 목자들은 겨울에 양떼를 끌고 들판에 머무는 일이 없다. 늦어도 10월 말 안에 양떼들을 들판에서 이끌어 우리 안으로 몰아 겨울을 난다. 목자들이 마지막으로 들판에서 양떼들을 먹이고 밤에 자기 양떼를 지키고 있을 때 천사가 와서 예수님 탄생 소식을 전해준 것이다. 아직 겨울 전이라서 양떼들은 들판에서 먹이를 먹을 수 있었다. 그렇다. 목자들이 아기 예수님을 경배하러 간 때는 겨울(12월)이 아니라 가을(10월)이었다.

게다가 이스라엘의 장막절도 가을이지 겨울이 아니다. 성경은 예수님께서 성육신하시어 '우리와 함께 계신 하나님'으로 계시는 상태를 장막tabernacle으로 표현한다. 하나님이 33년 6개월 동안 이 땅에 계시려고 육신 장막을 입으셨는데, 그분이 예수 그리스도이시다. 예수님의 초림인 성육신을 예언하는 절기가 장막절이었다. 이 절기는 이스라엘 민족이 광야 숙곳에 처음 장막을 친 것을 기념하는 것이다.[129]

장막절은 유대력 7월 15일에서 22일까지 8일 동안 계속된다. 장막은 히브리어로 쑥카succah, 영어로는 숙곳Succoth이다.[130] 장막의 신비를 드러내는 말씀이 요한복음에 나온다. "말씀이 육신이 되어 우리 가운데 거하셨더라dwell. 우리가 그분의 영광을 보니 아버지에게서 유일하게 나신 분의 영광이요 은혜와 진리가 충만하더라."[131] '거하신다'의 헬라어 스케노오σκηνόω는 장막을 의미한다. 하나님께서 육신 장막을 입으시고 오실 것을 장막절로 예언하셨다. 장막절 8일째는 따로 잔치하는데, 이것을 8일째의 엄숙한 집회, 쉐미니 아트제레트Shemini Atzeret라 한다.[132] 이 날 예수님은 할례를 받으셔서 정확하게 8일 동안의 장막 절기를 성취하시고 처음으로 '예수'라는 이름으로 불리셨다.[133]

장막절과 유월절의 관계를 알아보자. 봄에 있는 유월절Passover은 유대력 4월 14일이고 이어서 무교절과 초실절이 온다. 이로부터 50일이 지난 오순절에 성령께서 예루살렘에 있던 120명 제자들 위에 강림하셨다.[134] 넉 달이 지난 유대력 7월 첫째 날은 나팔절, 7월 10일은 속죄일, 7월 15일은 장막절이다. 하나님께서 육신 장막이 되신 날이 구약에 장막절로 예언되어 있다. 그날이 유대력 7월 15일이며 로마력 10월 15일이다. 명절 절기도 예수님께서 10월 중순경에 초림하신 것을 보여준다.

유월절 날짜를 거꾸로 추적해서 예수님의 출생일을 계산해보자. 예수님은 유월절 어린양으로 돌아가셨다. 유월절 양을 죽이는 날이 니산월 14일 저녁이라면 예수님도 4월 14일 수요일에 돌아가서야 했다.[135] 그리고 삼 일^{72시간}이 지나 이스라엘의 하루가 시작되는 토요일 저녁 6시 직후에 부활하셔야 했다. 그렇다면 예수님이 부활하신 날은 4월 17일 토요일이 되어야 한다.[136] 성경에서 '17'은 승리의 숫자이다. 예수님께서 17일 토요일에 부활하심으로 세상을 이기고 승리하셨다. 십자가에서 돌아가신 4월 14일로부터 33년 6개월을 역산하면 10월 중순경에 출생하셔야만 성경이 성취되는 것이다. 예수님은 결코 12월 25일에 출생한 것이 아니다.

이번에는 제사장 사가랴^{Zacharias}를 따라가 보자. 제사장들의 성전 사역을 보면, 제사장이 성막 안에 있어야 되는 첫 7일에 관해 우리에게 알려 준다.[137] 하지만 이 7일이 제사장 사역의 끝이 아니며, 자신의 봉헌에 요구되는 시간이었고, 그 후에도 사역은 8일 동안 계속되었다. 이렇게 아론의 아들들은 제비를 뽑아 이십사 순서로 나뉘어, 매년 일 년 중 15일씩 계속해서 제사장 직분을 담당했다.[138] 역대상 24장은 침례인 요한의 아버지 사가랴의 사역에 있어 중요한 부분을 차지한다. 이 성경 기록은 요한이 잉태된 때와 출생한 때를 결정한다. 이어서 예수님의 탄생을 확증한다.

좀 더 자세히 살펴보자. 이스라엘에서 한 해의 첫 번째 달은 니산월이다. 유대 달력과 로마 달력을 비교해보면, 니산월은 대개 4월이다.[139] 사가랴는 아비야 반열의 제사장이었다.[140] 이 반열은 이십사 반열 중에서 여덟 번째 반열이다. 제사장은 유대 달력 4번째 달 Tammuz의 마지막 절반 기간에 성전에서 사역한다.[141] 이는 양력인 로마 달력 7월 중순에 해당한다. 사가랴는 15일 동안의 성전 사역을 마치고 즉시 엘리사벳이 있는 집으로 갔다. 아내 엘리사벳은 사가랴의 성전 사역이 끝난 직후인 7월 중순에 임신했다.[142] 여기서 주목할 것은 엘리사벳은 마리아보다 6개월 전에 임신했다는 것이다.[143] 랄프 야렛 Ralph Yared 은 『Merry Christmas』에서 이렇게 말했다. 엘리사벳은 7월에 임신했고 마리아는 다음해 1월에 임신했다. 그리고 요한은 4월에 태어났고 예수님은 10월에 태어나셨다. 예수님은 12월 25일에 태어나신 것이 아니다.

다음은 프레이즈 J. G. Frazer 의 『황금가지』를 정리한 것이다. 로마 카톨릭이 미트라교에서 크리스마스 축제를 직접 차용해 온 것으로 보인다. 미트라신 숭배자들이 미트라를 무적의 태양과 동일시했다. 태양신의 탄생일은 12월 25일이었다. 따라서 미트라 Mithra 의 탄생일도 12월 25일이 되었다. 미트라신 숭배는 신들의 어머니의 종교와 많은 유사점을 갖고 있다. 12월 25일에 아들을 낳은 그 동정녀는 동양의 위대한 여신이었음에 틀림없다. 셈족은 이 여신을 하늘의 동정녀 또는 하늘의 여신이라고 불렀다. 여신의 또 다른 이름은 아스타르테였다.[144] 히슬롭의『두 개의 바빌론』과 프레이즈의『황금가지』만으로도 12월 25일은 태양신의 생일을 기념하는 이교도의 공휴일이지 예수 그리스도의 생일이 아님을 알 수가 있다.

다음은 1871년 12월 24일, 찰스 스펄전 Charles Spurgeon 목사가 한 설교 내용 중 일부이다. 제목은 '크리스마스가 구세주의 생일이라니요?'이다. "때와 절기를 지키는 것은 미신과 흡사하다고 생각합니다. 분명 우리는 현재 교회력에 규정되어 있는 이른바 크리스마스를 믿지 않습니다. 그 이유는 우리는 구세주의 생일로서 어떤 특정한 날을 지켜야 한다는 성경 근거를 도무지 발견할 수 없기 때문입니다. 성경의 권위가 인정하지 않는 크리스마스를 지키는 것은 하나의 미신에 불과합니다. 그래도 그 날짜가 제법 질서 있게 정해져 있는 것은 어찌된 일일까요? 아마도 오늘날 지켜지고 있는 종교 축제일이 이교도의 축일에 따라 제정되었기 때문일 것입니다. 구세주의 생일을 정하려면 좀 그럴듯한 날짜를 정할 것이지, 12월 25일이 구세주의 생일이라니 … 어쨌든 중요한 건 날짜가 아니지요. 다만 그분의 소중한 아들을 보내주신 하나님께 감사드립시다."[145]

이래도 크리스마스를 지키고 기념해야 하는지 … 물론 예수님이 태어나신 날짜에 강박관념이 있는 것은 아니다. 하지만 성경이 금하는 이교 전통과 우상 숭배가 예수님의 생일이라는 미명하에 행해지는 것이 걸린다. 각자의 선한 양심에 맡길 뿐이다.

III. 성경에 답이 있다

17. 어린아이가 죽으면 지옥가는가?
18. 낙태는 살인인가?
19. 부활은 처녀 탄생의 증거이다
20. WCC를 놓고 통곡한다
21. 예수님의 피인가 예수님의 죽음인가?
    - 존 맥아더에게 묻는다 (1) -
22. 주재권 구원을 아시나요?
    - 존 맥아더에게 묻는다 (2) -
23. 나의 믿음인가 주님의 믿음인가?

17

어린아이가 죽으면 지옥가는가?[146]

사람이 죽으면 어디로 가는가? 두 군데뿐이다. 천국과 지옥이다. 배 속의 아이나 어린아이들도 죽으면 천국이나 지옥, 그 둘 중에 하나로 가게 된다. 사람이 죽으면 천국이나 지옥에서 의식을 지닌 채로 영원eternity을 보내게 된다. 그렇다면 배 속의 아이baby in the womb와 어린아이infant는 어디로 가는 것일까? 배 속의 아이와 어린아이는 죽으면 천국 즉, 하늘로 간다.

신약 성경에는 두 개의 그리스어 단어를 아이들children로 번역한다. 테크논teknon과 파이디온paidion이다. '테크논'은 성별에 상관없이 대개 자손offspring이라는 뜻이다. 반면에 '파이디온'은 유아baby나 어린아이toddler를 뜻한다.

예수님이 베들레헴에서 탄생했을 때, 동방으로부터 현인들이 하늘에서 빛나는 별을 보고 그 별을 따라 예루살렘까지 왔다. 짐을 실은 짐승과 함께 여행하며, 먼 길을 오는 데는 약 2년 정도 걸렸을 것이다. 동방 박사 현인들이 예루살렘에 도착하자, 사악한 왕 헤롯이 그 사실을 듣게 됐다. 이에 헤롯이 은밀히 현인들^{wise men}을 불러 그 별이 나타난 시간을 자세히 캐물었다. 그리고 현인들을 베들레헴으로 보내며 말했다. "가서 그 어린아이^{paidion}를 자세히 찾아보고, 찾으면 내게 다시 알려주어, 나도 가서 그분께 경배하게 하라." 그들이 왕의 말을 듣고 떠났는데 동방에서 본 그 별이 그들을 앞서 가다가 그 어린아이가 있는 곳에 멈춰 섰다. 그 어린아이에게 경배 드린 후, 꿈에 헤롯에게로 돌아가지 말라는 하나님의 계시를 받았다. 그들은 다른 길을 통해 자기들 나라로 떠나 가버렸다. 이에 헤롯이 현인들에게 우롱당한 줄 알고 심히 격분해서 사람을 보냈다. 현인들에게 캐물은 때를 기준으로 하여 베들레헴과 그 주변 온 지역에 있는 아이들을 두 살부터 그 아래로 다 죽였다.¹⁴⁷

성경에서 어린 주 예수님은 '파이디온'이라 불린다. 그분은 그때 두 살이 채 안 되었고, 아장자장 걷는 아이였다. 목자들은 구유에 누인 갓난아기 'baby'를 보았고 박사들은 집에 있는 어린아이 'young child'를 보았다.¹⁴⁸ 침례인 요한이 태어난 지 팔 일이 지났을 때, 성령님은 그 아이를 '파이디온'이라 부르셨다.¹⁴⁹ 예수님도 갓 태어난 아기를 '파이디온'이라 부르셨다.¹⁵⁰ 히브리서를 보면, 모세가 석 달이 되기 전에 '파이디온'이라 불린 것을 알 수 있다.¹⁵¹ 그렇다면 하나님의 관점에서 '어린아이'가 '어린이'나 '아이'로 변하는 때는 언제일까? 아이가 자신의 생각과 행동에 대해 하나님께 책임을 질 수 있을 때이다.

성경은 이 점에 대해서도 매우 명확하다. 신·구약 성경을 통해 이 사실을 확인해보자. 신명기 1장에서 모세는 이스라엘 백성이 광야에서 불신의 죄를 지은 것을 기억나게 한다. 그들이 약속의 땅에 들어가지 않은 것 자체가 하나님께 죄를 지은 것이었다. "더군다나 너희가 먹이가 되리라 말했던 너희의 어린 것들과 그 날에 선과 악을 알지 못하던 너희 자녀들은 그리로 들어갈 것이라. 내가 그 땅을 그들에게 줄 것이요 그들이 그것을 소유하리라." 신 1:39 하나님은 책임질 수 있는 아이의 나이를 분명히 알고 계신다는 것을 기억하라. 선과 악을 구분하지 못하는 어린아이들이 있었다는 것이다.

이스라엘 민족 전체가 하나님께 죄를 범했을 때, 책임질 수 있는 나이가 되었던 어른들은 모두 요르단 강 저편에서 죽어 그 약속의 땅을 소유하지 못했다. 하지만 선과 악을 알지 못하는 어린아이들은 그 땅을 소유할 수 있었다. 하나님께서는 어린아이들은 그 죄악에 대해 책임이 없다고 보신 것이다. 또 다른 구절을 살펴보자. 장차 오실 메시아를 예언하면서, 이사야는 다음과 같이 말한다. "그러므로 주께서 친히 너희에게 한 표적을 주실 것이라. 보라, 처녀가 잉태하여 아들을 낳을 것이요 그의 이름을 임마누엘이라 부르리라. 그가 악을 거절하고 선을 선택하는 것을 알기까지 버터와 꿀을 먹으리라. 이는 그 아이가 악을 거절하고 선을 선택하는 것을 알기 전에 네가 몹시 싫어하는 그 땅이 그 땅의 두 왕에게서 버림을 받게 될 것이기 때문이라." 사 7:14~16

심지어 주님이신 예수님조차도 이 땅에 계셨을 때는 선과 악의 차이를 알 수 있을 때까지 성숙한 상태로 자라나셔야만 했다. 예수님이 갓난아기였을 때, 그분은 선과 악을 구분하지 못했다. 그분은 그렇게 하실 수 있을 때까지 자라나셨던 것이다. 예수님은 '전혀 죄를 지은 바가 없다'는 점에서 우리와 다르다.[152] 하지만 선과 악이 무엇인가를 알 수 있는 나이까지 자라나셨다는 점에서는 우리와 다를 바가 없다.

성경 속에서 이 원리는 매우 확실하다. 우리의 어린 시절 중 어느 특정 시기에 우리는 우리의 죄에 대해 하나님께 책임을 지게 된다. 매우 어릴 때도 우리는 죄를 짓는다. 그러나 하나님은 우리가 죄를 짓고 있음을 깨닫게 될 때까지 우리에게 책임을 묻지 않으신다. 물론 우리 모두가 태어나면서부터 죄인이라는 데는 의심의 여지가 없다. 어머니의 태 속에서 우리가 형성되는 동안에 이미 우리는 본질상 죄인인 것이다. "보소서, 내가 불법 안에서 만들어졌고 내 어머니가 죄 안에서 나를 잉태하였나이다." 시 51:5 그러나 이 세상에 태어난 이후에 우리는 우리 자신의 선택으로 죄인이 된다. "사악한 자들은 모태로부터 떨어져 나가, 태어나자마자 길을 잃고 거짓들을 말하니라." 시 58:3

우리 중에 이 사실을 부인하는 사람이 있다면, 어떤 부모도 자기 자식에게 죄 짓는 법을 가르치지 않는다는 사실을 말하고 싶다. 아이들은 태어나면서 본질상 죄인이며, 자연히 불순종하며 죄를 짓는다. 부모의 책임은 말을 듣지 않는 작은 가지를 올바로 세워 주는 것이지, 결코 그것을 굽게 만드는 것이 아니다. 좋은 부모는 자녀의 인격이 형성되는 이 시기에 계속해서 그들의 나쁜 버릇을 바로잡아 주려 한다. 지각이 있는 사람이라면 누구나 이에 동의할 것이다.

성경 말씀에 따르면, 갓 태어난 아기로부터 어른에 이르기까지 모든 인류는 하나님 앞에서 죄인이다. "모든 사람이 죄를 지어 하나님의 영광에 미치지 못하였더니." 롬 3:23 사실이다. 하지만 지식이 있으면서도 고의로 죄를 짓는 죄인들이 있는가 하면 그렇지 않은 죄인들도 있다. 다시 말해 자신들이 행한 것을 알지 못하는 사람들 말이다. 로마서 5장에 기록된 사도 바울의 말씀을 살펴보자. "이러므로 한 사람으로 인해 죄가 세상에 들어오고 죄로 인해 죽음이 들어왔나니, 이와 같이 모든 사람이 죄를 지었기에 죽음이 모든 사람에게 임하더라. … 그럼에도 아담으로부터 모세까지 아담과 같은 범죄 유형을 따라 죄를 짓지 않은 사람들 위에도 죽음이 군림하였나니 아담은 오셔야 할 분의 모형이니라." 롬 5:12, 14

로마서 5장 14절은 증거한다. "아담과 같은 범죄 유형을 따라 죄를 짓지 않은 사람들 위에도 죽음이 군림했다." 그렇다면 그들이 누구이겠는가? 성숙하지 못해서 쉽게 마음이 흘리는 어린아이들이 아니겠는가? 이브처럼 어린아이들은 자기들이 무엇을 하고 있는지 잘 알지 못한다. 어린아이들은 분명히 죄를 짓고, 잘못을 저지르며, 범죄 가운데 있다. 그러나 그들은 자신들이 그렇게 하고 있다는 걸 깨닫지 못한다. 물론 죽음이 그들 위에 군림한다. 사실 죽음은 모든 사람 위에 군림해 왔다. 어린아이들도 이브처럼 죽는다. 하지만 하나님 앞에서 그들은 자기들의 죄에 책임을 지지 않는다. 아이들이 자라서 성숙하게 되면, 그들의 마음도 더 이상 흘리지 않게 된다. 바로 그때 하나님께서는 아이들의 죄에 대해 책임을 물으시는 것이다. 다시 말해서 고의로 하나님께 죄를 짓게 될 때, 비로소 그분은 아이들에게 그 죄에 대한 책임을 물으신다. 만일 어린아이가 책임을 질 수 있는 나이가 되기 전에 죽는다면, 그 아이는 안전하다. 예수님이 십자가에서 아이들을 위해 행하신 일로 인해 아이들은 하늘Heaven로 가게 된다.

"앨버트 몰러서든침례신학대학교 총장와 존 파이퍼 같은 몇몇 복음주의 지도자들은 유아는 모두 구원받을 것이라고 믿는다. 유아는 하나님의 본성을 지식으로 이해할 수 없고 따라서 '평계를 댈 수가 없는' 나머지 사람들과는 다르다는 것이다." [153]

우리를 향하신 하나님의 공의요 긍휼은 이것이다. 아이들이 자기 죄에 대한 책임을 질 수 있을 때에 죽는다면, 예수 그리스도를 믿어 구원받지 않는 한, 지옥Hell으로 가게 된다. 많은 사람들이 이렇게 묻는다. "아이들은 어느 나이에 자신의 죄에 대해 책임을 지게 됩니까?" 사실 그때가 어떤 특정한 나이라고 이야기 할 수는 없다. 이것은 아이들 각자의 정신 기능과 성숙도에 따라 달라진다. 또 그 아이가 얼마나 많이 성령의 빛을 받았는가에 따라 달라질 수 있다. 크게 보면 이렇게 말할 수 있겠다. 가정과 교회에서 하나님의 말씀으로 양육 받은 아이가 7~8세 정도가 되면 책임을 질 수 있고 구원받을 수 있다. 우리 사랑진교회도 6세에서 9세 아이들이 다 구원받았다.

미국 서든침례신학대학교의 총장이었던 에드가 멀린스Edgar Y. Mullins는 7세에 구원받았다. 그렇다면 아이들이 죽어서 지옥에 가는 나이는 몇 살쯤일까? 아마도 여덟 살에서 열 살 정도가 될 것이다. 단 한 번도 복음에 대해 들어본 적이 없는 이교도 국가에 사는 어린아이들은 그 나이가 열두 살 혹은 열세 살까지 될 수도 있을 것이다. 영화 〈말아톤〉의 주인공처럼 20세인데 5세의 지능을 가졌다거나 자폐아인 경우, 하나님의 은혜로 죽으면 천국을 간다. 이것이 바로 하나님의 공의요 긍휼하심이다. 그러나 복음을 이해할 수 있는 나이가 되면 복음을 들어야 구원을 받는다. 복음을 들어본 적이 없는 사람은 자기 죄에 대해 책임이 없기 때문에 지옥 가지 않는다고 말하는 사람들이 있다. 만일 이것이 사실이라면, 우리가 선교사를 보내서 복음을 전하는 것은 전부 허사일 것이다.

이것이 사실이라면, 예수님께서 다음과 같이 말씀하시지 않았을 것이다. "너희는 온 세상에 가서 모든 창조물에게 복음을 선포하라." 막 16:15 성경은 이 점에 대해 매우 명확하다. 이교도라 할지라도, 하나님 앞에서 책임질 수 있는 나이가 되어 하나님을 믿지 않으면 영원히 멸망 받게 된다. 성경이 말하는 참된 회심과 구원은 예수님 앞에서 자신이 악한 죄인임을 깨닫고 주님의 이름을 부르며 그분께서 자신의 마음에 구세주로 임하시도록 요청할 때 이루어진다. "내가 너희에게 말하노라. 아니라. 회개하지 않으면 내가 너희 모두를 그와 같이 멸망시키리라." 눅 13:3 "네가 만일 네 입으로 주 예수님을 시인하고 하나님께서 그분을 죽은 자들로부터 살리신 것을 네 마음에 믿으면 구원을 받으리라." 롬 10:9

이제 결론을 내려 보자. 우선 우리는 한 아이의 성장 과정에서 아이가 충분히 선과 악을 구별할 수 있는 시기가 있고 하나님은 이 시점을 아신다는 것을 살펴봤다. 하나님만이 아시는 바로 그 순간부터 그 아이는 하나님께 양심의 책임을 지게 된다. 본질상 죄인이요 자신의 선택으로 죄인이 되었기에 그 아이는 종종 악을 택하고 선을 거부하며, 자기 의지로 하나님께 죄를 짓는다.

아이가 살아서 예수 그리스도를 영접하지 않는다면 영원히 지옥에 있게 될 것이다. 거기에는 변명의 여지가 없다. 전지전능하신 하나님이 아이에게 충분한 빛을 주셨기에 아이는 응당 자신의 죄에 대한 책임을 져야 하는 것이다. 이제 아이는 회개하고 구원받든지, 영원히 지옥에서 지내든지 둘 중 하나를 택해야 한다. 그러나 어린아이가 책임을 질 나이에 이르지 않았다면 그 아이는 안전하다. 그 아이는 예수님께 속해 있고 하늘은 그분께 속해 있으므로 그 아이가 죽게 되면 곧장 하늘로 가게 된다. 상식과 성경 사이에서 우리는 무엇을 택할 것인가. 내 생각과 예수님 사이에서 무엇을 택할 것인가. 고민해보자.

18

낙태는 살인인가?[154]

요즘 프로라이프가 화제다. 프로라이프prolife는 생명을 옹호한다는 뜻으로 낙태를 반대하는 것이다. 프로초이스prochoice는 선택을 옹호한다는 뜻으로 낙태를 찬성하는 것이다. 낙태를 반대하든 찬성하든 크리스천은 그 근거 논리를 성경 말씀에 두어야 한다. 낙태가 불법인 대한민국이 낙태율 1위이다.[155] 신생아 수는 40만 명인데, 낙태 수는 110만 건이다. 상황이 이런데 낙태가 합법화되면 하루에 죽는 태아가 기하급수로 늘어날 것이다. 태아는 그냥 핏덩어리나 제거해야 할 암 세포가 아니라 독립된 생명체다. 이것은 생명 과학이 인정하는 사실이다.

태아는 수정된 지 16일 째부터 심장이 뛰기 시작한다. 40일이 지나면 뇌파가 측정된다. 심장이 뛰고 뇌가 살아있는데 이게 생명이 아니면 무엇이 생명인가. 태아는 단순한 세포가 아니다. 태아는 여성의 자기 결정권을 위한 도구가 아니다. 태아는 가장 인권이 유린되고 있는 생명이다. 생명권을 지키고 보호해야 하는 것이 부모의 도리요 국가의 책임이다. 그뿐만 아니라 낙태를 한 사람은 평생 죄책감에 시달린다. 이미 모자보건법엔 임산부와 태아를 고려해서 낙태에 대해서 처벌받지 않는 조항이 많다. 낙태죄는 유지돼야 한다.

낙태는 가벼운 죄가 아니다. 낙태는 살인이다. 성경을 추적해보자. "이제 예수 그리스도의 태어나심은 이러하니라. 그분의 어머니 마리아가 요셉과 정혼했을 그때는 그들이 함께 하기 전이었는데 그녀가 성령님으로 아이^{child}를 밴 것이 드러났더라." ^{마 1:18} 아직 태어나지 않은 예수님을 하나님이 어떻게 부르시는가? 태아^{fetus}라고 부르시는가? 아니다! 마리아의 태 속에 있는 그 작은 생명을 하나님께서는 아이^{child}라고 부르신다.

침례인 요한의 어머니 엘리사벳은 마리아의 사촌이었다. 엘리사벳이 임신한 지 6개월 됐을 때, 마리아가 그녀를 방문했다. "엘리사벳이 마리아의 문안 인사를 받았을 때, 아기가 그녀의 태 속에서 뛰노는 일이 일어났더라. 그러자 엘리사벳이 성령님으로 충만하더라." ^{눅 1:41} 여기에서 아기^{babe}라 번역된 그리스어는 브레포스^{βρέφος}이다. 브레포스는 말구유에 있는 아기 예수님을 나타내는 데도 사용된다.[156] 또 브레포스는 유아들^{infants}로도 번역되어 있다.[157]

성경은 아직 태어나지 않은 아이든, 갓난아이든, 어느 정도 자란 아이든 간에 그것을 표현을 할 때는 같은 단어를 쓰고 있다. 침례인 요한은 자기 어머니 배 속에서 나오기도 전에 이미 성령님으로 충만해 있었다.[158] 이 말씀이 무엇을 의미하는가? 성령 충만은 사람에게만 주신다. 배 속의 생명은 사람인 것이다. 사복음서를 기록한 사람들 중 이 문제에 가장 관심이 많았던 사람은 누구일까? 아마도 의사인 누가일 것이다. 하나님은 의사 누가의 손을 빌어 아이가 혼을 갖게 되는 시기를 우리에게 알려주신다. 이 세상에 태어나야만 그 아이가 혼을 갖게 되는 걸까? 아니다. 잉태되자마자 그 아이는 혼을 갖게 되는 것이다.

성령님의 인도하심에 따라, 욥은 이 사실을 적어 놓았다. 욥은 땅에서 자신에게 미친 재앙을 애통해 하면서, 자신이 어머니 배 속에서 죽었더라면 하고 바란다. "어찌하여 내가 어머니 배 속에서 죽지 않았던가?"[159] 만일 욥이 태 속에서 죽을 수 있었다면, 태 속에서 살아 있었다는 얘기가 된다. 살아있지 않은 것이 어떻게 죽을 수 있겠는가? 살아 있다는 것은 욥이 혼을 갖고 있다는 것이 아닌가? 이것은 사람이 죽는다는 것이 그 혼이 몸으로부터 떠나는 것임을 미루어 볼 때 분명하다. 어쨌든 욥이 배 속에 있을 때에도 분명 살아있는 혼 living soul 이었다.

"그들이 벧엘에서 이동하여 에브랏에 조금 못 미친 곳에서 라헬이 진통을 겪으며 산고가 심하였더라. 그녀가 해산의 고통을 겪고 있을 때에 산파가 그녀에게 말하니라. 두려워 말라. 당신은 이 아들도 낳게 되리라. 그녀가 죽었기에 혼이 떠나려할 때 그녀가 그의 이름을 베노니라 불렀는데 그 아버지가 그를 베냐민이라 불렀더라." 창 35:16~18

라헬의 혼이 그녀의 몸을 떠났을 때, 그녀는 죽었다. 만일 욥이 자기 어머니의 태 속에서 죽었더라면, 태 속에 있는 욥은 라헬과 마찬가지로 혼^{soul}인 것이다.

그런데 욥은 죽음 이후에 자신이 '거기'에 가게 될 것이라고 했다. 욥은 자신이 유산되어 죽었더라면, 태에서 나오지 않았더라면, 자신의 혼이 '거기'에 가게 됐을 것이라고 말한다.[160] 도대체 거기가 어디인가? 그곳은 히브리어로 셰올^{שאול}, 구약 성경에서는 스올^{Sheol}이라고 한다. 스올은 죽은 자들이 가는 곳이다. 예수 그리스도의 부활 이전에 죽은 사람들은 모두 스올에 갔다. 스올은 두 부분으로 나뉘어져 있다. 의로운 자들이 가는 낙원^{paradise}이 있고 불의한 자들이 가는 뜨거운 불꽃 부분이 있다.[161] 만일 욥이 유산되어 죽었더라면, 아브라함이 있는 낙원으로 갔을 것이다.[162]

예수 그리스도의 부활 이후에는 모든 구원받은 이들과, 거짓말이 무엇인지 모르는 어린 나이에 죽은 아이들은 모두 곧바로 하늘로 간다.[163] 앞의 글, '어린아이가 죽으면 지옥 가는가'를 참고하라. 자, 이제 다윗 왕이 자신의 어머니 태에서 자신의 몸이 형성된 것에 대해 무어라 기록하고 있는가 살펴보자. "이는 주님께서 나의 마음[164]을 빚으셨고 주님께서 내 어머니 태 안에서 나를 덮으셨기 때문이었더라." 시 139:13 창세기 2장 7절에 따라, 이 구절에서 언급된 나^{me}는 다윗의 혼이다. 그렇다. 진짜 사람은 몸^{body}이 아니고 혼^{soul}이라는 사실이다. 몸은 단지 혼이 들어가 거주하는 집에 지나지 않는다. 따라서 몸으로 덮여진 '나'는 바로 다윗의 혼이다. 만일 다윗이 어머니의 태 안에서 죽었다면, 하나님께서는 그에게 낙원에서 몸을 주셨을 것이다.

"내가 주님을 찬양하리니, 내가 두렵고도 경이롭게 만들어졌기 때문이라. 주님이 하신 일들은 놀랍고 내 혼은 그것을 잘 아나이다. 내가 은밀한 중에 만들어지고 땅의 가장 낮은 곳에서 기묘하게 만들어졌을 때, 나의 형체substance가 주님께 숨겨지지 않았나이다. 주님의 눈이 아직 불완전한 나의 형체몸를 보셨고, 주님의 책에 내 모든 지체들이 기록되었을 그때도, 끊임없이 그 지체들이 만들어지고 있었는데 그때는 아직 그들 중에 하나도 존재하지 않았나이다." 시 139:14~16 얼마나 명백한가? 잉태되자마자 다윗의 혼은 존재했다. 바로 그 순간에 그는 살아있는 혼이었다. 그리고 하나님은 임신 기간 동안 계속해서 그 혼을 몸으로 덮어 주셨다. 다시 말해서 몸이 자라난다는 것이다.

지금부터 2,900년 전에 성령님이 다윗을 인도하시어 그 구절을 기록하게 하셨다. 과학자들은 이제야 비로소 그 말이 맞다는 것을 증명한다. 1968년판 브리태니커 대영 백과사전에는 방금 잉태된 아이는 완전한 존재로서 단지 몸이 자라나기만을 기다리고 있다는 사실을 확증해주었다. "사람의 조직 세포 핵 안에는 46개의 염색체가 있다. 그 세포의 염색체 중 23개는 아버지에게서 오며 나머지 23개는 어머니에게서 온다. 그러므로 아버지와 어머니가 각각 세포의 1/2씩을 제공하는 것이다. 잉태 시에, 이들이 결합하여 46개의 염색체를 갖는 하나의 새로운 세포를 형성한다. 이러한 수정란은 더 이상 아버지나 어머니의 일부가 아니며 새로운 인간의 첫 번째 세포인 것이다."

그 아기를 혼으로 만드는 것은 결코 그 아기의 폐 속에 있는 공기가 아니다. 그것은 바로 생명의 존재이다. 생명이 있다는 것은 곧 혼이 존재한다는 것이다. 레위기 17장 11절에서 하나님께서는 "육체의 생명은 피에 있다."고 말씀하신다. 이 구절에서 생명^{life}으로 번역된 히브리 단어는 혼^{soul}으로도 번역된다. 다시 말해 하나님은 육체의 혼이 피 안에 있다고 말씀하시는 것이다. 방금 잉태된 아기는 자신의 피 안에 이미 46개의 염색체를 갖고 있으므로, 그는 혼을 갖고 있는 것이다.

그러므로 우리는 다음과 같은 결론을 내릴 수 있다. "엄마가 아이를 유산하면, 그 아이는 곧장 하늘로 간다." 이것은 낙태된 아이인 경우도 마찬가지이다. 출애굽기 20장 13절에서, 하나님께서는 "죽이지 말라."^{Thou shall not kill}고 말씀하시는데, 이 구절을 문자 그대로 히브리어에서 번역하면 "살인하지 말라."^{Thou shall not murder}가 된다. 하나님 말씀에 따르면 'murder'라는 단어는 사람을 죽이는 경우에만 사용된다.

그래서 잡초를 죽이는 것^{kill}은 살인^{murder}이 아니다. 식물을 죽이는 것은 살인이 아니다. 물론 벌레를 죽이는 것도, 동물을 죽이는 것도 살인은 아니다. 그러나 사람을 죽이는 것은 명백한 살인^{murder}이다. 하나님은 어떤 사람이 다른 사람의 생명을 취하는 경우에만 흘린 피에 대해 피를 요구하신다. "누구든지 사람의 피를 흘리면, 그 흘린 피로 인해 자기 피를 흘리게 되리니, 이는 나 하나님이 내 형상대로 사람을 만들었기 때문이라." _{창 9:6}

18 낙태는 살인인가?

우리는 살인하지 말라는 하나님의 명령을 알고 있다. 바로 그 다음 장에서 우리는 태어나지 않은 아이의 생명을 취하는 것이 살인이라는 사실을 발견한다. "만일 사람들이 싸우다가 아이 밴 여자를 다치게 하여 그녀의 열매가 그녀에게서 떨어져 나왔는데, 그럼에도 불구하고 아무런 피해가 없으면 그 사람은 그 여자의 남편이 그에게 요구하는 대로 반드시 벌을 받아야 하고, 재판관들이 판결하는 대로 지불해야 하리라. 그런데 만일 어떤 피해가 따른다면, 그 사람은 생명에는 생명으로 갚아야 하리라." 출 21:22~23

출산이 가까운 산모가 상처를 받으면 종종 미숙아가 태어난다. 경우에 따라 그 아이가 죽을 수도 있고, 살 수도 있다. 위의 성경 구절에서, 어떤 피해가 따르지 않으면, 해書를 가한 사람은 화가 난 그 여자의 남편으로부터 처벌을 받는 것을 감수해야 하며 재판관이 결정하는 대로 벌금을 내야 한다. 왜냐하면 산모가 다쳤기 때문이다. 다시 말해 미숙아가 태어났더라도 어머니와 아이가 살아있다면, 해를 가한 사람은 단지 신체 및 금전의 처벌을 받게 된다.

그러나 만일에 어떤 피해가 따른다면, 즉 유산이 되어 아기나 엄마가 죽게 된다면, 해를 가한 사람은 생명에 대하여 생명을 줘야만 한다. 아직 태어나지 않은 어린 아기의 생명은 어머니의 생명만큼이나, 아니 해를 가한 사람의 생명만큼이나 귀중한 것이기 때문이다. 이것으로 오늘날 큰 논쟁거리가 되고 있는 낙태에 관한 의문점들이 모두 해소되고 만다. 낙태가 살인이 되지 않은 경우는 어머니의 생명을 구하기 위해 행해지는 것뿐이다. 그 외의 모든 낙태는 살인이다. 사람의 생각과 문화를 따를 것인가, 하나님의 말씀을 따를 것인가? 낙태에 관해서는 선택의 여지가 없다.

※ 이 글은 2019년 헌법재판소 낙태죄 헌법불합치 결정이 나기 전, 2018년 10월 11일 신문에 기고한 글이다. 2021년 8월 현재, 낙태죄는 효력을 상실했다. 그러나 그리스도인은 성경 말씀대로 해야 한다.

19

부활은 처녀 탄생의 증거이다

　세상은 하나님을 떠나 타락해 버렸다. '복음'이 무엇인가? 복음 gospel은 이 세상을 향한 하나님의 복된 소식이다. 복음의 핵심은 무엇인가? 주님은 자신을 믿는 사람들이 영원한 생명을 얻게 될 것을 성경에 약속하셨다. 그리스도께서 십자가에 피 흘려 죽으시고 장사되신 지 삼 일 만에 죽은 자들로부터 살아나실 것도 성경에 미리 약속하셨다. 이것이 '하나님의 복음'이다. 복음은 하나님의 아들 예수 그리스도, 우리 주님Lord에 관한 것이다. 주님이 부활하셨다는 것은 처녀 탄생의 증거이다. 성경으로 풀어보자.

　우리 주 예수 그리스도께서는 육체로는 다윗의 씨seed에서 나셨다. '육체로는'이라는 게 무슨 뜻인가? 예수 그리스도께서 인간의 몸으로 오셔서 고난을 받으시고 피를 흘리시고 죽으신 것을 말한다. 이 사건은 글자 그대로 읽으면 예수님이 다윗을 통해 나왔다는 것을 말한다. 그런데 실제로 예수 그리스도는 '다윗의 씨'에서 나지 않으셨다. 왜냐하면 다윗의 씨는 저주를 받았기 때문이다. 다윗의 후손인 고니야^Coniah가 왕으로 있을 때 고니야는 왕이 될 자식이 없을 것이라고 저주를 받았다.[165]

예수 그리스도께서 다윗의 아들이 아니라는 증거는 주 예수님이 이 땅에 계실 때 바리새인들에게 답하신 말씀에도 그 답이 있다. "그러면 어찌하여 다윗이 영 안에서 그리스도를 주님이라 불렀겠느냐 … 만일 다윗이 그를 주님이라고 부른다면 어찌 그가 다윗의 아들이 되겠느냐?" 마 22:43~45

그래서 우리 주 예수님은 한 처녀^a virgin를 통해서 태어나셔야만 했다. 그리고 성령님을 통하여 죽은 자들로부터 부활하시어 하나님의 아들로 권능 있게 밝히 드러나셨던 것이다. 한 처녀 마리아는 다윗의 자손이다. 예수 그리스도께서는 다윗의 자손인 마리아의 몸을 통해 오셨기에 다윗의 씨가 되신 것이다.

정리하면 그리스도께서는 육체로는 다윗의 씨에 속하셨으며, 성령님을 통하여 하나님의 아들로 선포되셨다.[166] 이 사실은 엄청난 진리를 포함하고 있다. 진리는 이것이다. 부활^resurrection은 처녀 탄생의 증거이다. 놀랍지 않은가? 예수님이 부활하신 사실이 처녀 탄생의 증거라는 것이다! 이 놀라운 진리를 한번 추적해 보자.

예수 그리스도께서 죽은 자들로부터 부활하셨다는 것은 그분이

요셉의 아들이 아니며 다윗의 씨seed도 아닌 것을 보여 주는 것이다. 만약 예수님이 진짜 요셉의 아들이었거나 다윗의 씨였다면 그분은 부활하지 못했을 것이다. 신약 성경은 증거한다. "이제 예수 그리스도의 태어나심은 이러하니라. 그분의 어머니 마리아가 요셉과 정혼했을 그때는 그들이 함께 하기 전이었는데 그녀가 성령님으로 아이를 밴 것이 드러났더라" 마 1:18 그렇다! 예수님은 인간 요셉의 아들이 아니다. 문자 그대로 다윗의 씨도 아니다. 그랬다면 썩어질 육신을 가진 인간의 아들이기에 그분의 몸도 썩었을 것이다.

신약 성경은 또 증거한다. "그러므로 다윗은 대언자로서 하나님이 이미 자기에게 서약으로 맹세하셨기에 육체를 따라 자기 허리의 열매에서 그리스도를 일으키시어 자신의 왕좌에 앉히실 것을 알았고 이것을 미리 본 그가 그리스도의 부활에 대해 말하기를 그분의 혼이 지옥에 남겨지지 않았고 그분의 육신이 썩는 것도 보지 않았다고 말했더라. 이 예수님을 하나님이 살리셨고 우리가 다 그 일에 증인들이라." 행 2:30-32 진실로 그렇다. 예수 그리스도께서 부활하셨다는 것이 바로 처녀 탄생virgin birth의 증거인 것이다. 만약 예수님께서 인간 아버지의 씨seed를 통해 태어나셨다면 그분은 결코 다시 살아나지 못하고 모든 사람들과 똑같이 땅 속에서 그 몸이 썩었을 것이다.

그러면 사람은 왜 이미 죽을 준비가 된 몸, 다시 말해서 썩을 준비가 된 몸을 가지고 태어나는가? 구약 성경은 증거한다. "주 하나님께서 남자에게 명령하여 말씀하셨더라. 동산의 모든 나무에서 나는 것은 네가 마음대로 먹어도 되지만 선과 악을 알게 하는 나무에서 나는 것은 먹지 말라. 이는 그 나무에서 나는 것을 먹는 그날에 네가 반드시 죽을 것이기 때문이라." 창 2:16~17 아담은 자기가 하나님께 불순종하면 자기 죄의 결과로 죽을 것이라는 경고를 받았다. 물론 그것은 영의 사망이요, 육신의 사망을 말한다.

사람의 영, 혼, 육 중에서 실제로 범죄하는 부분은 어디일까? 음행죄만 육에 짓는 죄이고 나머지는 다 혼에 짓는 죄이다. "보라, 모든 혼들은 내 것이라. 아버지의 혼과 마찬가지로 아들의 혼도 내 것이니 죄를 짓는 혼, 그 혼이 죽으리라." 겔 18:4 "이는 육체의 생명이 피에 있기 때문이라. 내가 그 피를 너희에게 주어 제단 위에 뿌려 너희 혼을 위해 속죄하게 하였나니 그 피가 혼을 위해 속죄하기 때문이라." 레 17:11 "주 하나님께서 땅의 흙으로 사람을 지으시고 생명의 숨을 그 코에 불어넣으시니 사람이 살아있는 혼이 되었더라." 창 2:7

사람의 혼soul이 생명이고, 생명이 혼이다. 그러므로 하나님께서 육체의 생명은 피에 있다고 말씀하실 때 이것은 "육체의 혼은 피에 있다."라고 하신 것과 같다. 야곱의 아내 라헬이 베냐민을 낳다가 죽었을 때, 죽으면 혼이 떠나간다고 성경은 증거한다.[167] 사람의 생명은 피에 있기 때문에 사람을 죽인 죄는 피로 갚아야 해서 사형에 처해진다. 사람은 일정량 이상의 피를 흘리면 어떤 의학 처치를 해도 죽는다. 결론은 범죄하는 것은 '사람의 혼'이다. 그리고 혼은 피에 있으므로 혼의 죄가 아담의 피에 영향을 주었다는 것이다. 아담Adam이 '선과 악을 알게 하는 나무'의 열매를 먹어서 그 피가 더럽혀진 것을 알 수 있다.

결국 생명인 피가 더럽혀졌기에 아담은 죽게 되었다. 그 일로 인해 아담의 후손인 우리 모두도 더럽혀진 피로 인해 반드시 죽는다. 그러므로 하나님이 주 예수 그리스도의 피로 우리를 깨끗하게 하시려면 반드시 예수님의 피 속에 죄가 없어야만 한다. 하여 하나님은 자신의 무한한 지혜와 권능으로 예수님의 처녀 탄생을 이루신 것이다. 예수님이 사람을 구원하시기 위해서는 사람의 몸을 입고 이 땅에 오셔야 했다. 사람인데 죄 없는 피를 가진 죄 없는 사람이 되셔야 했다. 그 방법은 한 가지밖에 없다. 예수님은 인간 아버지의 피와 씨를 통하지 않고 이 세상에 태어나셔야만 했다.[168]

어떤 사람도 처녀인 여자에게서 만들어진 사람은 없다. 아기를 만들기 위해서는 반드시 남자와 여자가 필요하다. 그러나 예수님은 하나님에게서 나신 분이다. 요한복음은 예수 그리스도를 'the only begotten Son of God', '하나님에게서 유일하게 나신 아들'이라 부른다. 이것은 말 그대로 하나님 아버지로부터 유일하게 태어나신 분이기 때문이다. 실제로 성경은 "그러나 때가 완전히 찼을 때 하나님이 자신의 아들을 보내시어 여자에게서 나게 하셨더라."고 기록한다.[169] 구속사의 관점에서 볼 때 여자에게서 나신 분은 오직 한 분, 예수 그리스도이시다. 그러므로 하나님에게서 유일하게 나신 아들은 바로 예수님의 처녀 탄생을 보여준다.

다른 각도에서 보자. 비록 이브가 아담보다 먼저 범죄하였지만 이브의 죄는 우리에게 영향을 미치지 않는다. 모든 인류는 '아담의 자손'이기 때문에 인류에게 죽음을 초래한 것은 '아담의 죄'인 것이다.

창세기 3장 15절에서는 오직 예수님만을 여자의 씨 the seed of the woman 라 부른다. 왜냐하면 예수님만이 여자에게서 태어났기 때문이다. 따라서 '예수님의 피'에는 아담의 죄가 전혀 없다. 마태복음 1장을 펴고 2절부터 읽어보라. '아브라함은 이삭을 낳고, 이삭은 야곱을 낳고...' 성경은 모두 남자가 남자를 낳는 것으로 기록한다. 이것이 바로 하나님께서 보시는 관점이다. 영어 킹제임스 성경은 남자가 남자를 낳는 것에는 'beget' 이라는 단어를 사용한다. 그런데 예수님은 마리아로부터 출생하신 것 was born 으로 기록되어 있다. 즉 그분께서는 여자에게서 나신 것이다. 그러므로 구속사의 관점에서 보면, 오직 예수님만이 여자에게서 나온 사람인 것이다.[170]

이제 의과학醫科學의 도움을 받아보자. 아직 태어나지 않은 아기의 정맥과 동맥을 흐르는 피는 어머니하고는 전혀 관계없이 아버지의 정액sperm으로부터 아기에게 주어진다. 이것은 엄연한 의학 상식이다. 쉽게 말해서 태아의 피는 어머니의 피와는 전혀 왕래가 없다. 태아의 모든 피는 아버지로부터 온 것이다.

다시 말해서, 처녀 마리아는 자신의 자궁에 하나님의 아들을 품고 있는 동안 그분에게 자신의 더러운 피를 단 한 방울도 전해 주지 않았다. 성性결정은 남자의 성염색체가 결정하는 것이다. 아이의 피는 아버지에게서 생기는 것이고 어머니는 몸만 빌려 주는 것이다. 결국 예수님은 마리아로부터 육체를 받았지만, 성령님으로 잉태가 되셨기에 하나님 아버지의 피를 받으신 것이다. 신약 성경은 증거한다. "그러므로 너희 자신과 모든 양떼에게 주의를 기울이라. 성령께서 너희를 양떼를 돌보는 감독자로 삼으시고 하나님의 교회 곧 그분께서 자신의 피로 사신 교회를 먹이게 하셨기 때문이라." 행 20:28

그렇다. 예수님의 혈관 속에 흐르는 피는 하나님의 피였다. 그것은 죄가 없는 피이다.[171] 그러므로 이 땅에 태어난 사람 중에 유일하게 예수님만이 죄 없는 삶을 사신 죄 없는 사람이시다. 그뿐만 아니라 예수님이 무덤 속에 삼 일 동안 누워 있을 때에도 그 피는 썩지 않았다.[172] 예수 그리스도의 피는 이렇게 완전하고 흠 없고 죄 없는 피이다. 그러기에 우리의 모든 죄를 깨끗하게 하는 권능이 있다. "또 신실한 증인이시요 죽은 자들 중에서 처음 나신 분이시며 땅의 왕들의 통치자이신 예수 그리스도로부터 은혜와 평강이 너희에게 있기를 원하노라. 우리를 사랑하시어 자신의 피로 우리를 우리의 죄들에서 씻으시고 우리를 하나님 곧 자신의 아버지께 속한 왕과 제사장으로 삼으신 그분께 영광과 통치가 영원무궁토록 있기를 원하노라. 아멘!" 계 1:5~6

이것이 하나님의 복음이다. 이것이 보혈의 능력이다. 죄와 사망으로부터 우리를 구속redemption하시고 살리신 것도 '주님의 보혈'이다. 구원받은 이후에도 죄들을 진심으로 고백하면 그 죄들을 깨끗하게 하시는 것도 '예수 그리스도의 피'이다. 주님의 피 공로 의지하여 우리는 모두 부활할 것이다. 그리고 영원히 주님과 함께 살 것이다.

주님은 부활하셔서 첫 열매가 되셨다. 장차 눈물도, 슬픔도, 고통도, 아픔도, 죽음도 없는 곳으로 우리를 인도하실 것이다. 그분이 오늘도 우리에게 말씀하신다. "나는 부활이요 생명이니 나를 믿는 자는 죽어도 살겠고 누구든지 살아서 나를 믿는 자는 결코 죽지 아니하리라. 이것을 네가 믿느냐?" 요 11:25~26 부활은 처녀 탄생의 증거이다. 예수님은 부활하셨다. 우리도 부활한다. 부활의 주님께 영광과 존귀와 찬양을 올려 드린다.

20

WCC를 놓고 통곡한다

상식이 통하는 사회가 건전한 사회다. 상식은 영어로 'common sense'인데 유사어가 'sound judgement'이다. 건전한 판단이 상식이라는 말이다. 우리가 상식으로 알고 있는데 아닌 것이 있다. 정통 기독교인 줄 알았는데 사이비가 있다. 기독교 단체도 그런 데가 많다. 기도하면서 이 글을 쓴다. 세계교회협의회 World Council of Churches 이야기를 하려고 하니 가슴이 먹먹하다. 그리스도 안에서 한 피 받아 한 몸 이룬 형제 교회들을 비난하는 것 같아서이다. 제로섬 게임 zero-sum game 을 하자는 것이 아니다. 나만 있고 너는 없자는 것이 아니다. 치킨 게임 chicken game 을 하자는 것도 아니다. 마주보고 전속력으로 달리다가 간이 약한 사람이 피하자는 것도 아니다.

세계교회협의회 WCC 제10차 총회가 오는 10월 부산에서 개최될 예정이다. 조국 교회는 뼈아픈 상처가 있다. 장로 교단이 에큐메니칼 운동과 WCC 가입 문제를 놓고 둘로 갈라졌었다. 지금의 예장 합동과 통합으로 ... 그 때가 1959년이다. 지금 또 다시 그 사건이 다른 각도로 재현되면서 조국 교회를 혼란에 빠뜨리고 있다. 얼마 전, 부산기독교 총연합회가 2013년 부활절 연합 예배 설교자로 서울 M교회 K목사를 초청했다. 그러나 부산 보수 교계의 강력한 반발로 초청이 무산되기도 했다.

하늘의 교회 the general assembly 는 영광스럽다. 그러나 지상의 교회 the local church 는 불완전하다. 고린도 교회도 교회다. 그러나 본이 되는 교회는 아니었다. WCC 문제로 조국 교회를 분열시키자는 것이 아니다. 분리와 분열은 엄연히 다르다. 구별과 차별도 다르다. 분열하자는 것이 아니다. 차별하자는 것도 아니다. WCC를 반대한다고 해서 분열은 아니다. 차별도 아니다. 그것은 성경대로 하는 분리요, 구별인 것이다. 잘못을 저질렀다고 해서 자식이 아닌 게 아니듯이, WCC를 한다고 해서 교회가 아닌 것은 아니다. 그러나 교회는 교회다워야 한다. 고통스럽더라도 환부의 고름은 짜내야 한다. 아니면 몸 전체가 썩을 수 있다. 잘못한 것을 지적하지 않고 은혜롭게 넘어가고 싶다. 하지만 은혜 때문에 진리를 포기할 순 없다. 교회는 오직 사랑 안에서 진리를 말해야 한다.[173]

조국 교회는 지금까지 여러 이단들 때문에 혼란스러웠다. 통일교, 여호와의 증인, 하나님의 교회 안상홍파 그리고 신천지를 비롯하여 최근에 중국의 동방 번개파인 '전능신교'라는 이단이 파상 공세를 벌이기 시작했다. 워낙 여러 이단들이 설치고 개 교회 현실은 어렵다

보니, 이단이니 WCC니 하는 문제들이 시나브로 우리의 관심에서 멀어질 수 있다. 한계 효용 체감의 법칙이 여기에도 작용한 것이다. 처음에는 놀라고 충격을 받지만, 시간이 지나면 그러려니 한다. 하여 할 수만 있다면 폭 넓게 안고 가고 싶다. 그렇지만 WCC의 실체를 알게 되면 같이 가는 것은 불가능하다. WCC는 갈 데까지 간 것이다. 같이 간다는 것 자체가 미션 임파서블(?)이다.

물론 WCC에 가입한 교단에 소속된 교회의 목회자나 성도들 절대 다수는 성경을 하나님 말씀으로 믿는 참 그리스도인이라고 생각한다. 그러나 WCC의 실체를 잘 모르는 많은 성도들은 WCC 부산 총회가 마치 정통 기독교 행사를 하는 것으로 여긴다. 그래서 필자는 아픔을 무릅쓰고 WCC의 실체를 밝히고자 한다. 내용이 책 한 권 분량이지만 여기서는 핵심 내용만 간추렸다.

WCC는 1948년에 조직됐다. 이 단체를 주도하는 사람들은 성경에 나오는 하나님의 권위를 부인한다. 예수 그리스도의 신성을 부인한다. 거기다 예수 그리스도를 믿어야 구원받는다는 기독교의 진리를 부인한다. WCC는 세계 모든 종교는 사실상 똑같다고 한다. 불교를 믿으나 이슬람교를 믿으나 기독교를 믿으나 다 구원을 받는다는 것이다. WCC는 개인 구원 대신 사회 구원을 목표로 한다. 다시 말해서 정치 억압이나 계급에서 오는 탄압들을 구조 개혁이나 계급 투쟁 내지 혁명을 통해 해방시키는 것이 구원이라고 주장한다.

다음은 WCC의 성격을 적나라하게 보여주는 한국기독교교회협의회ᴷᴺᶜᶜ 홈페이지에 실린 기도문이다. KNCC는 WCC 한국 지회이다. "오, 하나님, 부처님 … 하늘에 계신 하나님, 부처님, 성모 마리아님, 소태산 대종사님 … 부디 이 땅에서 죽임의 굿판 대신에 신명나는 살림의 굿판이 벌어지도록 인도해주십시오. 나무아미타불, 아멘." _{숭실대학교 초빙 교수 구미정 초안} 이런 사상을 가진 자들이 주도하는 곳이 WCC요 KNCC이다.

WCC 제6차 총회가 1983년 7월, 캐나다 밴쿠버에서 열렸다. 제2부 순서로 유대교, 이슬람교, 로마 카톨릭교, 힌두교, 시크교, 일본의 신도교 등 15명의 다른 종교인들이 모여, 십자가 대신 큰 통나무 기둥을 세워놓고 그 앞에서 춤을 추며 혼합 예배를 드렸다. WCC 제7차 총회는 1991년, 오스트레일리아 캔버라에서 열렸다. 개회 행사로 초혼제招魂祭를 지냈다. 초혼제는 죽은 사람의 혼령을 위로하는 제사이다. 이 초혼제를 펼친 사람은 무당 신학자로 알려진 정현경 교수이다. 현재, 미국 유니온 신학교 조직신학 교수이다. 그는 여기서 하갈의 영을 부르고 잔다르크의 영을 부르고 무당들의 영을 불렀다. 이것은 명백한 종교 다원주의이다.

WCC를 가장 경계해야 할 이유는 이러한 종교 다원주의를 끈질기게 추구하기 때문이다. 종교 다원주의는 2013년 WCC 부산 총회에서 채택할 '선교와 전도 선언서'에도 포함되어 있다. 또한 WCC는 "성경은 하나님의 말씀이 아니다. 그뿐만 아니라 성경은 절대 진리의 말씀도 아니다."고 주장한다.

1975년, 케냐 나이로비에서 열린 WCC 제5차 총회와 2005년 WCC 중앙위원회에서 가공할 결정을 했다. WCC 산하 교회들에게 동성 간의 결혼과 동성 부부를 목사로 안수하는 일들을 공인했던 것이다. 또한 WCC는 용공주의容共主義를 수용한다. WCC의 모체인 미국 교회협의회FCC의 주요 인물들이 공산주의 신봉자들이며, 교회를 통한 공산주의 침투를 적극 추진해오던 인물들이라는 것이 미국 의회 청문회를 통하여 만천하에 공개됐다. 참고로 WCC가 그리스도인들이 주 예수 그리스도의 이름으로 바친 헌금으로, 아프리카와 남미 등지의 공산 게릴라 집단ANC, SWAP 등의 활동을 돕기 위해 지원한 금액 중 WCC가 공인한 액수만 USD $6,906,545에 이른다.

절대 간과할 수 없는 것이 하나 있다. WCC는 로마 카톨릭주의를 주장한다. 로마 카톨릭주의는 개신교회를 이단으로 규정하고 종교개혁자 마틴 루터와 존 칼빈을 파문하고, 이단의 괴수 목록에 명명하였다. 그러면서 교황은 무오하다는 것이다. 진정한 그리스도인이라면 이 주장을 받아들일 수 있겠는가?

WCC 부산 총회 개최를 앞두고 땅을 치며 통곡하고 싶다. 시일야 방성대곡是日也放聲大哭이라도 하고 싶다. 왜 이런 사실을 알고도 더 일찍 알리지 않았던가! 왜 그들의 영혼을 놓고 가슴 아파하지 않았던가! 왜 조국 교회의 현실 앞에 더 뜨겁게 기도하지 않았던가! 참 게으른 목사요, 소심한 성경 교사인 것을 고백한다. 지금이라도 우리 주 하나님께서 그들의 눈을 뜨게 하셔서 실상을 알게 하시기를 기도한다. 화형대에서 죽어가던 순교자 틴데일의 외침이 들린다. "주여, 영국

왕의 눈을 열어 주소서!" 절망은 없다. 폭풍이 지나간 들에도 꽃은 피고, 지진으로 무너진 땅에도 맑은 샘은 솟는다. 그리스도 안에서 하나 된 조국 교회를 소망한다.

※ 이 시론은 2013년 4월 10일자 침례신문에 기고한 글이다.

21

예수님의 피인가 예수님의 죽음인가?[174]
- 존 맥아더에게 묻는다 (1) -

영국의 괴기 소설가 B. 스토커는 걸출한 뱀파이어, 드라큘라 백작을 내세워 피의 효능을 왜곡시켰다. 인간의 피가 공급되기만 하면 드라큘라는 계속 죽지 않고 살 수 있다는 것 아닌가. 드라큘라가 인간의 피를 빨아 먹고 영생(?)한다는 건 그래도 봐줄 만하다. 이건 어떤가? "주 예수께서 십자가에서 흘리신 피는 인간의 피다. 그러므로 사람을 구원하는 건 주 예수님의 피가 아니라 그분의 죽음이다." 말이 되는가? 말이 안 된다. 그런데도 많은 크리스천들이 이 교리를 받아들이고 있다. 이 무서운 교리를 주장하는 자가 존 맥아더[John MacArthur]이다.

존 맥아더는 캘리포니아주 쎈베리에 있는 은혜교회[Grace Community Church] 담임 목사요 마스터신학교 학장이다. 미국에서 기독교 방송국도 운영한다. 신학 책과 신앙 책도 많이 집필했다. 특별히 한국 목회자들에게 복음주의자로 널리 알려진 인물이다. 하지만 맥아더 목사의 피의 교리는 심각한 오류를 범하고 있는 이단 교리이다. 우리는 예수님의 피로 속죄함 받았다. 이것을 부인하는 존 맥아더의 논리를 추적해보자.

맥아더 목사가 담임으로 있는 은혜교회 교인이 맥아더가 설교한 그리스도의 피가 무엇을 뜻하는지를 물어보았다. 1976년 맥아더 목사는 자기 교인에게 답으로 보낸 편지를 글로 출판했다. 특별히 출판된 그 글은 맨 위에 "그의 피 흘림이 아니라 그의 죽으심"이란 제목이 붙어 있다. 다음은 그 글에서 발췌한 내용이다.

"당신(질문했던 교인)에게 중요했던 것은 어린양의 죽음이 아니라 문설주에 뿌려졌던 피라고 말하였습니다. 저는 그 사실에 동의할 수 없습니다. 출애굽기 12장에서 제기됐던 것은 어린양의 피였으며 피를 내놓은 것은 어린양이 죽임을 당하였다는 공공연한 선언이었습니다. 죄에 대한 형벌은 피 흘림이 아니라 죽음이었습니다. 효력이 있었던 것은 예수님의 피가 아니라 예수님의 죽음이었습니다. 만일 우리를 구원하는 것이 피라면 실제로 예수님의 육체의 피가 우리를 구원하였다는 말입니까? 우리가 구원받은 것은 우리를 위해 그리스도께서 대신 죽으신 것으로 인해서이지 그의 피 안에 있는 화학작용에 의한 것이 아닙니다. 게다가 그리스도는 출혈과다로 돌아가셨던 것이 아닙니다. 그리스도는 피를 너무 많이 흘려서 돌아가시지 않으셨습니다. 예수님 몸 안의 피에는 구원하는 것이 전혀 없습니다. 예수님께서 흘리신 피는 우리를 위한 그분의 희생이요 육체와 영의 죽음을 나타냅니다. 제가 사랑하는 것은 예수님의 피가 아니라 예수님 자신입니다. 저를 구원했던 것은 그의 피 흘리심이 아니라 그의 죽으심입니다."

한마디로 예수님의 피는 속죄의 능력이 없다는 것이다. 예수님은 우리를 위해 물과 피를 다 쏟지 않으셨다는 것이다. 이 글이 출판된 뒤에 미국의 복음주의 교회 목사들이 맥아더 목사에게 이 주장을 중단하라고 편지를 보냈다. 맥아더는 그러겠다고 답했다. 그러나 그 이후에도 계속 줄기차게 이 교리를 설교하고 주장하고 전파했다. 1983년 맥아더는 무디 성경연구소^{Moody Bible institute}가 출판한 히브리서 논평, 237페이지에서 또 똑같은 교리를 주장했다. "우리를 구원했던 것은 예수님의 몸에서 흘리신 피가 아니라 우리를 대신하는 예수님의 죽으심이었다. 그 죽으심은 예수님의 피 흘리심으로 상징되고 있다." 그의 주장은 계속된다. 1986년 4월 4일에 존 맥아더가 남부 주^{State}의 팀 웨들리치^{Tim Weidlich}에게 쓴 편지의 일부분이다.

"분명히 구원하는 것은 예수님의 피가 아니었다. 그렇지 않다면 예수님께서 죽으심 없이 우리를 위하여 피를 흘리실 수 있었을 것이다. 우리를 구원하는 것은 죄를 위한 그의 죽으심이었다. 로마서 3장 25절이 '그의 피로 인하여 믿음으로'라고 말할 때 모든 사람들은 이 표현이 그의 죽음을 언급하는 것이며 예수님 몸에서 흐르는 피를 언급한 것이 아님을 이해한다."

과연 그러한가? 헬라어 haima^피를 마치 그것이 헬라어 thanatos^{죽음}

인 양 바꾸는 것은 부정不淨하고 위험한 것이다. 우리는 예수님이 죽으셔야 했다는 것을 인정한다. 하지만 예수님은 목숨을 잃지 않을 정도로 단지 잠시 동안만 피를 흘릴 수 있었던 것이 아니다. 예수님은 글자 그대로의 의미인 죽음을 맞이하셨어야 했다. 로마서 5장 10절에는 "하나님 아들의 죽음으로 인해 하나님과 화해하게 되었으니"라고 쓰여 있다. 그러나 우리가 예수님이 맞이해야 했던 죽음이 어떤 종류의 죽음인가를 혼동하지 않도록 성령님은 로마서 5장 9절에서 미리 말씀하셨다. "그러면 이제 우리가 그분의 피로 의롭게 되었으니 더욱더 그분을 통해 진노로부터 구원을 받으리라". 그뿐만 아니라 히브리서 9장 22절에는 단호하게 "피 흘림이 없으면 죄 사함이 없느니라."고 쓰여 있다.

캘리포니아 카노가 공원에 있는 신앙침례 교회Faith Baptist Church 목사인 로랜드 라스므센Roland Rasmussen 박사는 예수님의 피에 관하여 존 맥아더 박사와 일대일로 토론을 했다. 그 토론에서도 역시 존 맥아더는 예수님의 피를 인간의 피라고 불렀다. 라스므센 목사는 즉시 맥아더 목사에게 사도행전 20장 28절을 보여줬다. 맥아더는 사도행전 20장 28절에 나온 피를 하나님의 피가 아니라 예수님의 피라고 해석한 라스므센 목사를 무시했다. 만약 존 맥아더가 주장하는 것처럼 예수님의 피가 인간의 피였다면 그것은 마리아의 피여야 했을 것이다. 어머니는 아기에게 피를 전혀 주지 않기 때문에, 만약 예수님의 피가 인간의 피였다면 예수님에게는 인간 아버지가 있었을 것이다. 그리되면 맥아더 목사는 마리아의 처녀 잉태를 부인하는 또 다른 이단 교리로 가게 되는 것이다.

만약 맥아더 목사가 옳다면 그래서 예수님의 피가 인간의 피였다면, 그 안에는 가련한 우리 영혼을 구제할 수 있는 것이 아무것도 없었을 것이다. 그러나 그는 틀렸고 성경이 옳기 때문에 예수님의 혈관에 있는 피는 하나님의 피였다. 그러니까 예수님이 흘리신 십자가의 피는 더럽혀지지 않은 것이다. 그뿐만 아니라 예수님의 피는 돌무덤 안에서도 삼 일 동안 썩지 않았다. 하여 그 피는 죄의 노예 시장에서 우리를 구속할 수 있는 것이다.

"예수님의 육신의 피에는 구원하는 것이 전혀 없었다. 나를 구원했던 것은 예수님의 피 흘리심이 아니라 그의 죽으심이다." 이것이 존 맥아더가 주장하는 것이다. 이러한 주장을 보면 맥아더는 예수님께서 '십자가에서 죽으실' 필요가 없었다는 것을 명백히 말하고 있다. 맥아더는 십자가의 죽음을 다른 방식의 죽음으로 대체하려는 것이다. 그리하여 맥아더는 우리 구세주가 하나님 아버지로 인해 지극히 높임 받으시는 것을 빼앗으려 한다. 그는 예수님이 모든 이름 위에 뛰어난 이름을 갖는 것도 빼앗으려 한다. 맥아더는 모든 사람이 예수님 이름에 무릎을 꿇고, 예수 그리스도를 주님이라 시인하여 하나님 아버지께 영광 돌리는 것을 멈추게 하려는 것이다.

맥아더의 교리는 거짓 가르침이다. 예수님이 십자가의 죽음을 맞이하지 않으셨다면 소망 없이 버려진 죄인들을 위한 구속(redemption)은 전혀 없었을 것이라는 게 진리이다. 맥아더와 그쪽 편에 선 사람들의 사악한 교리에도 불구하고 우리는 남은 생애 동안 피로 속죄함 받은 것을 계속 찬양할 것이다. 그리고 하늘에서 영원히 그 피를 찬양할 것이다. "염소와 송아지의 피가 아니라 자신의 피로 단 한 번 거룩한 곳으로 들어가시어, 우리를 위해 영원한 구속을 이루셨더라." 히 9:12 자기 백성의 죄를 속하시기 위해 주 예수님은 하늘의 성소에 홀로 들어가시고자 했다. 그분은 피를 가지고 들어가셔야 했고, 그분은 하늘의 속죄소인 긍휼의 자리 위에 그 피를 뿌리셔야 했다.[175]

그러나 맥아더는 우리에게 예수님께서 피를 전혀 하늘로 가져가지 않으셨다고 말한다. "세상 죄를 가져가신 하나님의 어린양을 보라." 요 1:29 예수님께서 자신의 피를 흘리셨으므로, 누구나 깨끗하게 되기 위해 예수님께 나오면 구원받을 수 있는 것이다.[176] 우리는 예수 그리스도의 피로 깨끗하게 됐다. 우리는 예수 그리스도의 피로 죄 사함 받았다. 우리는 예수 그리스도의 피로 의롭게 됐다. 우리는 예수 그리스도의 피로 속죄함 받았다. 우리는 예수 그리스도의 피로 승리했다. 우리는 예수 그리스도의 피로 구원받았다. 어떻게 생각하는가? 존 맥아더는 답하라. 사람의 이론을 믿을 것인가, 성경 말씀을 믿을 것인가? 선택은 독자들의 몫이다.

22

주재권 구원을 아시나요?[177]
- 존 맥아더에게 묻는다 (2) -

구원이 무엇인가? 구원은 하나님의 은혜로 죄들[sins]의 사면을 받는 것이다. 어떻게 구원받는가? 하나님께 돌아오면 구원받는다.[178] 하나님께 돌아온다는 게 무슨 말인가? 자신이 하나님 앞에서 죄인임을 시인하고 예수 그리스도를 구세주로 믿는 것이다.[179] 주재권 구원을 주장하는 사람들이 있다. 주재권 구원이 무엇인가? 한 사람이 예수님을 구세주로 고백한 후에도 삶에 아무런 변화가 없는 것은 예수님을 구원자[the Savior]로 영접했지만 주님[the Lord]으로는 영접하지 않았기 때문이라고 주장하는 것이다. 어떻게 생각하는가? 이것이 성경이 말하는 구원이라 생각하는가?

구원을 어렵고 복잡하게 만드는 것이 이단들이다. 역사를 돌이켜 보면 교회도 제국도 외부보다 내부가 부패할 때 무너졌다. 자기가 예수님의 동생이라는 통일교 교주 문선명, 죄 사함의 기쁨을 왜곡시키는 박옥수, 4단계 회개를 주장하는 박무수 그리고 자기가 보혜사 성령이라는 신천지 교주 이만희, 그 외에도 무수히 많은 이단들이 있다. 하지만 교회 밖의 이단보다 더 무서운 게 교회 안의 이단이다. 교회 속의 누룩leaven이다.

예수를 주님으로 시인해야 구원을 받는다고 가르치는 사람들이 있다. 이것이 뜻하는 것이 무엇인가? 우리가 구원을 받기 위해서는 예수님을 구세주와 주님으로 영접해야 한다고 가르치는 사람들이 있다는 것이다. 사람이 구원받을 때 예수님을 자기 삶의 주Lord로 삼아야 한다는 것이다. 이것은 성경의 구원을 교묘하게 왜곡시킨 것이다. 이런 가르침에는 행위로 구원받는다는 교리가 숨겨져 있다. 구원은 믿음으로 받는 것인데 거기에 사람이 무엇을 더해야 한다는 것이다. 다시 말해서 자신을 주님께 온전히 드려야 구원받는다는 것이다. 이것을 'Lordship Salvation', '주재권 구원'이라 한다. 언뜻 보기에는 맞는 말 같은데 알고 보면 무서운 사상이다. 누구라도 자신이 죄인인 것을 고백하고 예수님을 구세주로 받아들이면 구원받는다. 구원받은 후에는 예수님을 주님으로 고백할 수 있다. 그러나 구원받을 때 예수님을 자기 삶의 주인Lord으로 삼을 수는 없다.

성 프란체스코 수도승의 기도문, '평화의 기도'에 나오는 대목이다. 요즘은 다양한 가사들로 바꿨지만 원래 가사는 이것이다. "주여 나를 평화의 도구로 써 주소서 … 자기를 온전히 줌으로써 영생을 얻기 때문이니." 자기를 줌으로써 영생을 얻는 것은 결국 로마 카톨릭의 행위 구원을 말하는 것이다. 주재권 구원도 행위 구원salvation by behavior이다.

　이런 주장을 펼치는 대표 목사가 존 맥아더John MacAuthur이다. 최근에 그의 책, 『The Gospel According to Jesus』가 『주님 없는 복음』이라는 제목으로 한국에서 번역이 됐다. 이 책이 바로 주재권 구원을 주장한다. 이러한 가르침을 받아들이는 사람들은 가끔 좋은 동기에서 그렇게 하는 것을 본다. 이들은 수준 이하의 기독교와 수준 낮은 그리스도인들의 삶에 진저리가 난 사람들이다. 하나님 자녀들의 삶을 살펴보면서 실망을 느끼고 애통하다가 그 애통을 교리로 만든 것이다. 이들은 자신들이 성경의 구원 교리에 행위를 첨가하고 있다는 것을 모르고 있다. 이들은 "만약 그리스도께서 모든 것의 주인이 아니시라면 그분은 전혀 주인이 못 된다."라는 식의 신앙 문구를 사용한다. 또 이런 말도 한다. "쉬운 믿음으로 받는 구원easy believism은 값싼 구원이다."

　그리스도인들의 수준 낮은 삶에 실망한 사람들은 쉽게 이단의 가르침을 수용하게 된다. 사람들은 초대 교회인 신약 교회로 돌아가자고 말하기를 좋아한다. 그러나 신약 시대 이후로 사람이 변한 것은 없다. 그때도 오늘날과 마찬가지로 수준 낮은 그리스도인들이 있었다. 다시 말해서 육신을 따라 사는 그리스도인들이 있었다. 그들에게는 예수님이 모든 삶의 주인은 아니셨던 것이 분명하다. 이들은 그리스도 안의 어린아이들이라 불리었다.[180] 또 자기 아버지의 아내를 취한 어떤 그리스도인에게 주님은 그 육신은 멸하고 심판 날에 그 영이 구원을 얻으리라 하셨다.[181] 그 사람도 아나니아와 삽비라 또는 다른 어떤 사람들처럼 사망에 이르는 죄를 범했다. 그리스도께서 그 전체 삶의 주인이 못되셨던 것이 분명하다.

우리는 날과 달과 절기를 지키는 자들의 삶에서 다시 한번 그리스도가 주인이 되지 못한 사람들을 본다.[182] 롯이 소돔에 있었을 때 예수님이 그의 주인이셨는가? 그럴 수가 없다. 그러나 하나님께서는 그를 '의인'이라 하셨다. 이 말은 롯이 행위에서 의로웠다는 것이 아니고 그가 믿는 자였기 때문에 하나님 앞에서 의로웠다는 뜻이다. 다윗이 범죄했을 때 주님이 그의 주인이셨는가? 베드로가 주님을 부인하고 믿음을 부인했을 때에도 주 예수님이 그의 주인이셨는가? 믿음이 부족하여 아브라함이 이집트로 도망을 갔을 때에도 주님이 삶의 주인이셨는가? 모세가 반석을 두 번이나 내리침으로 거룩한 땅에 들어가는 티켓을 잃었을 때에도 주님이 삶의 주인이셨는가? 야곱이 하란에 있던 그 모든 날들에도 주님이 삶의 주님이셨는가?

물론 성경에는 '그리스도께서 우리에 대한 권리를 주장하실 수 있는 주님이시다.'는 가르침이 있다. 이것을 그리스도의 주재권The Lordship of Christ이라 한다. 성경에는 하나님의 자녀들이 주님의 권한에 넘겨지기를 원하는 경고와 당부와 권면의 말씀들로 가득 차 있다. "그러므로 너희는 죄가 너희 죽을 몸 안에서 군림하지 못하게 하여 몸의 정욕 안에서 죄에게 순종하지 말라. 또한 너희 지체를 불의의 도구로 죄에게 내주지 말고 오직 너희 자신을 죽은 자들로부터 살아난 자로서 하나님께 드리고 너희 지체를 의의 도구로 하나님께 드리라." 롬 6:12~13 그러나 이 말씀들이 '주재권 구원'을 지지하지는 않는다.

구원받지 못한 사람에게 주는 권면은 그리스도를 구세주로 모시라는 것이다. 그리스도를 구세주로 모신 사람에게 주는 권면은 그분을 주님으로 모시라는 것이다. 결론으로 볼 때 주재권에 의한 구원 Lordship Salvation 은 행위에 의한 구원이다. 성경의 가르침을 정면으로 거스르는 것이다. "그분께서 우리를 구원하셨는데 우리가 행한 의로운 행위가 아니라 오직 자신의 긍휼에 따라 새로 태어남의 씻음과 성령님의 새롭게 하심으로 구원하셨고." 딛 3:5

만약 그리스도를 삶의 주인으로 모셔서 구원을 받는다면 이것은 은혜 안에서 성장하는 게 필요하지 않다는 것이 될 것이다. 구원을 받을 때 그리스도를 주님으로 모셔서 자기의 삶을 완전히 드릴 수 있다면 그리스도 안에서 아기는 없을 것이다. 그러나 분명한 사실은 그리스도 안에서 어린아기들이 있다는 것이다.[183] 주재권 구원은 결국 구원을 잃는다는 가르침을 가져오게 한다. 사람이 구원받기 위해 예수님을 자기 주인으로 삼아야 한다면, 예수님이 더 이상 자기 주인일 수 없는 위치로 타락했을 때는 구원받은 것이 아니라고 봐야 할 것이다. 이것은 주님을 부인했을 때의 베드로나, 바울과 다투었을 때의 바나바 그리고 하나님의 뜻을 저버렸을 때의 요나 같은 이들의 구원을 의심하게 만든다. 주재권 구원은 아르미니우스 Arminius 의 구원론을 살짝 비튼 것이다.

진짜 구원을 받았다면 그 구원은 영원한 구원이다. 구원받은 후에 죄를 지었다고 해서 구원이 취소되는 것은 아니다. 게다가 주재권에 의한 구원은 육신을 따라 사는 그리스도인의 존재를 부인하게 된다.

우리는 아무도 육신을 따라 사는 그리스도인을 기뻐하지 않는다. 그러나 성경은 그러한 사람이 있다고 가르친다.[184] 세상은 구원받은 자와 구원받지 못한 자들로 나뉜다. 구원받은 자 중에는 육신을 따르는 자와 성령님을 따르는 자가 있다. 육신을 따르는 자들이 있다는 것이 우리에게는 기쁘지 않다. 그렇지만 그런 자들이 있다는 것은 우리가 사실로 받아들이지 않을 수 없는 것이다.

나아가서 주재권 구원은 은혜를 제거시키며 구원에 대한 명백한 말씀들을 쓸모없게 만든다. "하나님이 세상을 이처럼 사랑하시어 자신에게서 유일하게 나신 아들을 주셨으니 이는 누구든지 그를 믿는 자는 멸망하지 않고 영존하는 생명을 얻게 하려 하심이라." 요 3:16 "그분께서 자기 백성에게 오셨는데 그분의 백성이 그분을 받아들이지 않았더라. 그러나 그분을 받아들인 자들 곧 그분의 이름을 믿는 자들에게는 다 하나님의 아들이 되는 권능을 그분께서 주셨으니." 요 1:11~12 "너희가 믿음을 통해 은혜로 구원을 받았나니 이것은 너희 자신에게서 난 것이 아니요 하나님의 선물이라. 행위에서 난 것이 아니니 이는 누구든지 자랑하지 못하게 함이니라." 엡 2:8~9 이 모든 말씀들은 구원은 믿음으로, 다시 말하면 갈보리에서 다 이루어 놓으신 그리스도의 사역을 믿음으로 받는다고 명백히 증거하고 있다. 그리고 구원은 받는 것이지 주는 것이 아니다. "그분을 받아들인 자들 곧 그분의 이름을 믿는 자들에게는 다 하나님의 아들이 되는 권능을 그분께서 주셨으니." 요 1:12 구원을 받을 때, 주는 이는 하나님이시지 사람이 아니다.

사람은 단지 받는 일을 한다. 하나님께서는 자기 아들을 주셨다.[185] 하나님께서는 영원한 생명을 주신다.[186] 하나님께서는 모든 것을 주신다.[187] 우리가 믿는 자가 되었기 때문에 우리는 하나님이 주시는 모든 것을 받게 된다. 주는 자가 되려면 제자가 돼야 한다. 구원은 그리스도의 희생에서 나오는 것이고 제자의 삶은 나의 희생에서 나오는 것이다. 구원은 하나님의 신실하심을 기초로 하지만 제자의 삶은 나의 성실함에 달려 있다. 그래서 구원은 잃지 않지만 제자의 삶은 잃을 수 있다. 때때로 사람들은 말한다. "당신의 마음을 예수께 드려라. 그러면 구원을 얻을 것이다." 이런 말을 하는 사람들은 진지한 사람들이라고 생각한다. 이 사람들로 인해 구원받은 사람들이 많이 있을 수 있다. 하지만 구원은 자기 마음을 주님께 드려서 받는 게 아니다. 예수님과 그분의 선물인 영원한 생명을 받아서 구원에 이르는 것이다.

또 주재권에 의한 구원은 구원을 하나의 거래나 교환, 심지어는 뇌물이 되게 한다. 영생을 위해 단순히 그리스도를 영접하는 대신에 우리가 하나님께 무엇을 드려야 하나님이 무엇을 주시는 것으로 만든다. 구원은 내가 하나님께 무엇을 드려서 하나님이 내게 무엇을 주는 것이 아니다. 구원은 하나님께서 내게 주시고 나는 그것을 받는 것이다.[188]

그리스도의 주재권 Lordship of Christ 을 이해하기 위해 다음을 생각해 보자. 구원받지 못한 사람은 육 안에 in the flesh 있으며 죄는 그 사람 안에 들어온다. 그 사람이 그리스도를 영접한다. 그리스도께서 그 사람

안에 들어오신다.[189] 그리스도가 들어오실 때에 옛 사람은 떠나지를 않는다. 비록 그리스도께서 그 사람 안에 계실지라도 여전히 옛 성품을 담고 있는 육신은 그냥 남아 있다.[190] 새 사람에게는 새 환경이 필요하다. 그는 지금 그리스도 안에 있다. "그러므로 누구든지 그리스도 안에 있으면 그는 새로운 창조물이라. 옛 것은 지나갔으니 보라 모든 것이 새롭게 되었도다." 고후 5:17 '그리스도 안에서' 또는 그와 같은 말이 신약 성경에 130번 이상 언급되고 있다. 이제 내가 그리스도 안에 있음으로 인해 많은 것들이 쓸모 있게 되었다. "하나님 곧 우리 주 예수 그리스도의 아버지를 찬송하라. 그분께서 그리스도 안에서 하늘의 처소들 안에 있는 모든 영의 복으로 우리에게 복을 주셨으니." 엡 1:3

내가 이미 그리스도 안에 있다는 사실을 기억하라. 내가 그리스도 안에 있고 많은 것들이 내게 쓸모 있지만, 내가 선택해야 내 것이 된다. 선택해야 내 것이 되는 것은 다음과 같다. 하나님과 교제하는 것이다.[191] 믿음으로 행하는 것이다.[192] 그리스도 안에서 형제들에게 인정받는 것이다.[193] 신앙이 성장하는 것이다.[194] 완전한 하나님의 사람으로 자라가는 것이다.[195] 그리고 거룩하게 되는 것이다.[196]

그러나 이 중 어느 것도 그리스도 안에 들어오기까지는 기대할 수 없다. 내가 그리스도 안에 들어와 새로운 창조물이 될 때 이 모든 것들이 나에게 가능하게 되는 것이다. 이 모든 것을 얼마나 누리느냐 하는 것은 나에게 달려 있다. 또 주어진 것을 누리는 만큼만 그리스도가 나의 주인이 되는 것이다. 예를 들면 이렇다. 부자 아버지가 당신에게 자동차를 사주었다고 하자. 그러면 그 자동차는 당신 것이다. 당신은 자동차로 많은 것을 할 수 있다. 그런데 자동차를 사용하지 않고 가지고만 있으면 아무 쓸모가 없게 되는 것이다.

이 땅에 살았던 가장 위대한 그리스도인은 사도 바울일 것이다. 그는 자신에 대하여, "오호라 나는 비참한 사람이로다."라고 했다. 그리고 자신을 '죄인의 괴수'라고 불렀다. 바울은 자신이 원하는 것은 하지 않고 원치 않는 것을 한다고 탄식했다. 그 누구보다도 주님은 사도 바울의 삶의 주인이셨을 것이다. 그렇지만 바울은 자신이 아직 이룬 것이 아니라고 했다. 결론으로 주재권 구원을 믿어서 구원받았다고 주장하는 사람은 그 말 속에 허구와 교만이 있다. 그 사람은 "내가 예수를 나의 주님으로 모셨다."고 말한다. 그 말은 예수님이 자신의 삶을 주장하고 계시며 자신이 완전히 그분께 드려졌다는 것을 뜻한다. 어떻게 이런 말을 할 수 있단 말인가?

반면에 이같이 말하는 사람의 겸손을 보라. "나는 예수님을 나의 구세주로 영접하여 구원을 받았다." 이 사람이 말하는 구원은 자기에게는 받을 자격이 없지만 주어진 것을 의미한다. 영접하는 것 외에는 구원을 받기 위해 한 일이 없다. 구원은 선물이었다. 그러나 만약 우리가 하나님께 무엇을 드려 그 대가로 구원을 받는다면 그것은 우리가 하나님과 거래를 한 것이 된다. 이것은 행위 구원인 것이다. 그러므로 그리스도의 주재권 구원은 명백히 이단 사상이다.

주재권 구원이 무엇인가? 한 사람이 예수님을 구세주로 고백한

후에도 삶에 아무런 변화가 없는 것은 예수님을 구세주로 영접했지만 사람이 구원받을 때 예수님을 자기 삶의 주로 삼아야 한다는 것이다. 다시 말해서 자신을 주님께 온전히 드려야 구원받는다는 것이다. 이것은 행위 구원이다. 주재권 구원은 성경에 없다. 우리는 성경 말씀을 믿어야 하는가 아니면 사람의 주장을 믿어야 하는가? 존 맥아더는 답하라.

23

나의 믿음인가 주님의 믿음인가?

"의인은 믿음으로 살리라." 롬 1:17 믿음이 전부이다, 믿는 자에게는. 그렇다면 믿음에 있어서 내가 믿는 것이 중요할까, 믿음의 대상이 중요할까? 믿음으로 산다면 그 믿음은 어떤 믿음일까?

Faith, '믿음'이란 단어는 구약 성경에는 2번 밖에 나오지 않지만, 신약 성경에는 무려 229번이나 나온다.[197] 신약 성경이 계시한 믿음이란 나 자신의 신념이나 자기 확신이 아니다. 성경이 말씀하는 믿음은 우리 자신에게서 나온 것이 아니라 하나님의 생명에서 나온 것이다. 또 '육'에서 나온 것이 아니라 '영'에서 나온 것이다. 성경은 이것을 '예수 그리스도의 믿음' 혹은 '예수님 안에 있는 믿음'으로 표현한다. 다시 말해서 예수 그리스도의 믿음은 '하나님의 믿음'이다.

"내가 그리스도와 함께 나무에 달려 못 박혀 있으나 그럼에도 불구하고 내가 살아있으니, 이제는 내가 아니요 다만 그리스도께서 내 안에 사시는 것이라. 지금 내가 육체 안에서 사는 삶은 나를 사랑하시어 나를 위해 자신을 주신 **하나님 아들의 믿음**by the faith of the Son of God 으로 사는 것이라." 갈 2:20 영어 성경 'by the faith of the Son of God'을 개역성경은 '하나님의 아들을 믿음으로 산다'고 번역했다. 그러나 이것은 '하나님의 아들의 믿음으로 산다'고 번역해야 한다. 믿음은 하나님의 선물이다. 선물은 주어지는 것이지 내가 선택하는 것이 아니다.

성경 구절을 하나 더 찾아보자. "이는 너희가 다 **그리스도 예수님 안에 있는 믿음**by faith in Christ Jesus 으로 하나님의 자녀가 되었기 때문이라." 갈 3:26 하나님의 자녀가 되는 것도 예수님 안에 있는 믿음으로 되는 것이다. 또 믿음은 육에서 난 것이 아니라 오직 성령님의 열매이다. "그러나 성령님의 열매는 사랑과 기쁨과 화평과 오래 참음과 관대함과 선함과 믿음과 온유와 절제니, 이 같은 것을 거스르는 법이 없느니라." 갈 5:22~23

주 예수님은 믿음의 창시자요 완성자이시다. "그러므로 이렇게 큰 구름 같은 증인들이 우리를 둘러싸고 있으니 모든 무거운 것과 아주 쉽게 우리를 얽어매는 죄를 떨쳐버리고 우리 앞에 놓인 길을 참고 달려서 우리 믿음의 창시자요 완성자이신 예수님을 바라보자. 그분께서는 자기 앞에 놓인 기쁨을 위해 십자가를 견디시고 그 부끄러움을 아무렇지 않게 여기셨고 이제 하나님의 왕좌 오른편에 앉아 계시니라." 히 12:1~2 그 믿음은 하나님의 말씀을 들을 때 우리에게 주어진다.

"그러므로 믿음은 듣는 데서 나오며 듣는 것은 하나님의 말씀을 통해서니라." 롬 10:17

이제 주 예수 그리스도께서 우리에게 주신 그 믿음 안에 어떤 은혜의 선물들이 있는지 함께 살펴보자. 먼저는 '약속'이다. "그러나 성경 기록이 모든 것을 죄 아래 가두셨으니 이것은 주님께서 믿는 자들에게 **예수 그리스도의 믿음으로 인한 약속**the promise by faith of Jesus Christ을 주시기 위한 것이라. 그러나 믿음이 오기 전에는 우리가 율법에 매여서 나중에 계시될 믿음에 이르기까지 갇혀 있었더라. 그런 이유로 율법은 우리를 믿음으로 의롭게 하기 위해 우리를 그리스도께로 인도하는 교사였더라." 갈 3:22~24

율법보다 460년 전에 하신 하나님의 그 약속은 그분의 믿음에 의해 성취되었다. promise, '약속'이란 오로지 약속하는 자의 믿음으로 인한 행위이다. 약속은 쌍방이 하는 계약과는 다르다. 하나님의 그 약속은 하나님의 믿음으로 성취되는 것이지 우리의 믿음으로 성취될 수는 없다. 하나님이 교회와 내 가정과 나에게 하신 약속은 하나님이 이루신다. 우리가 할 일은 그 약속의 말씀 위에 굳게 서는 것이다.

믿음 안에 있는 그 다음 선물은 '구원'이다. "또 어릴 때부터 네가 거룩한 성경 기록을 알았기에 그 성경 기록은 능히 너를 자유롭게 하여 그리스도 예수님 안에 있는 믿음을 통해 구원에 이르게 하느니라." 딤후 3:15

기록된 성경은 우리를 성경 기록 안에 있는 예수 그리스도의 믿음을 통해 구원에 이르게 한다. 성경은 우리를 그리스도 예수님 앞으로 인도하며, 또한 성경은 우리에게 그리스도의 생명을 불어넣어 거듭나게 한다. "너희가 다시 태어난 것은 썩을 씨가 아니라 썩지 아니할 씨에서 난 것이니, 곧 살아있고 영원히 거하시는 하나님 말씀으로 난 것이라. 모든 육체는 풀과 같고 사람의 모든 영광은 풀의 꽃과 같기 때문이라. 풀은 마르고 꽃은 떨어지나 오직 주님의 말씀은 영원토록 지속되나니, 복음으로 너희에게 선포된 말씀이 이 말씀이라." 벧전 1:23~25

"너희가 믿음을 통해 은혜로 구원을 받았나니 이것은 너희 자신에게서 난 것이 아니요 하나님의 선물이라. 행위에서 난 것이 아니니 이는 누구든지 자랑하지 못하게 하려는 것이라." 엡 2:8~9 여기서 '이것은' 하나님의 선물인데, '이것은' 믿음을 통해 은혜로 구원을 받았다는 뜻이다. 구원받는 믿음은 어디에서 나올까? 바로 하나님 자신이다. 그 믿음은 하나님이신 예수 그리스도의 믿음인 것이다. 우리는 하나님의 은혜로 구원받은 하나님의 자녀다. 구원의 기쁨을 잃지 않고 살아가시기를 소원한다.

여기서 굉장히 주의할 것이 하나 있다. 예수 그리스도께서 모든 사람을 위해 죽으셨지만 한 사람의 영원한 운명은 그 개인의 손에 있다. 무슨 말인가 하면 천국이나 지옥의 결정은 그 자신의 의지에 따라 스스로 선택하는 것이다. "성령님과 신부가 오라, 하시니라. 듣는 자도 오라, 목마른 자도 오라. 또 원하는 자는 누구든지 생명수를 값없이 마셔라, 하시니라." 계 22:17 그렇다. 원하는 자가 생명수를 값없이 받을 수 있다. 다시 말해서 구원받을 수 있다.

창세 전에 구원받기로 예정된 사람은 무조건 구원받고 예정되지 않은 사람은 무조건 지옥 가는 것인가? 아니다. 하나님께서는 누가 택함을 입을지를 결정하지 않으신다. 그것은 사람이 결정하는 것이다. "하나님은 자신이 미리 아신 자들을 예정하시어 자기 아들의 형상과 같은 모습이 되게 하셨으니, 이것은 그분이 많은 형제들 가운데 처음 난 자이기를 원하셨기 때문이라. 그뿐만 아니라 그분께서는 또한 자신이 예정하신 그들을 부르시고, 부르신 그들을 또한 의롭다 하시고, 자신이 의롭다 하신 그들을 또한 영화롭게 하셨더라." 롬 8:29~30

이 말씀은 하나님께서 누가 구원을 받을 것인가를 선택하셨다는 것이 아니다. 이것은 단지 하나님의 미리 아심이 하나님으로 하여금 선택하게 하셨고 하나님의 미리 아심 foreknowledge 때문에 그분이 선택하셨다는 말이다. 이 모든 것이 다 하나님의 은혜이다.

그렇다면 은혜로 구원받은 우리들이 어떻게 거룩하게 되었을까? "내가 너를 백성과 이방인들에게서 건져내어 이제 그들에게로 보내노라. 이는 그들의 눈을 뜨게 하여 어둠에서 빛으로, 사탄의 권세에서 하나님께로 돌아오게 하여 그들이 죄들의 용서를 받고 **내 안에 있는 믿음** by faith that is in me 으로 거룩하게 구별된 자들 가운데서 상속 유업을 받게 하려 함이라." 행 26:17~18 거룩하게 되는 것은 '주님을 믿는 우리의 믿음'이 아니라, '주님 안에 있는 그분의 믿음'인 것이다.

주님 안에 있는 믿음, 바로 그 믿음이 그분의 몸을 드리시게 했고, 그 결과 우리는 거룩하게 된 것이다. 우리가 거룩하게 된 것은 우리의 믿음 때문이 아니라 완전히 주님의 믿음으로 된 것이다. 뿐만 아니라 우리는 예수 그리스도의 믿음으로 의롭게 되었다. "바로 이 뜻에 따라 예수 그리스도께서 그 몸을 단 한 번 드리심으로 우리가 거룩하게 구별되었노라 … 이는 그분께서 단 한 번 드리심으로, 거룩하게 구별된 자들을 영원토록 완전하게 하셨기 때문이라." 히 10:10, 14

"그러므로 율법의 행위로는 어떤 육체도 그분의 눈 앞에서 의롭게 될 수 없으니 율법으로는 죄를 깨닫기 때문이라. 그러나 이제 율법 밖에 있는 하나님의 의가 드러났으니 이것은 율법과 대언자들이 증언한 것이라. 그것은 곧 **예수 그리스도의 믿음**by faith of Jesus Christ 으로 인해 모든 자에게 이르고 믿는 모든 자에게 임하는 하나님의 의라. 거기에는 차별이 없기 때문이라." 롬 3:20~22

영어 성경 'by faith of Jesus Christ'를 개역성경은 '예수 그리스도를 믿음으로'라고 번역했다. 그러나 이것은 '예수 그리스도의 믿음으로'라고 번역해야 한다. 왜냐하면 예수 그리스도의 믿음은 '하나님의 의'에 이르게 하고, 예수 그리스도를 믿는 믿음은 '자기 의'에 이르게 하기 때문이다.

예수 그리스도를 믿는 믿음은 내가 주님을 믿는 것이고, 예수 그리스도의 믿음은 예수님 안에 있는 믿음이 주어지는 것이다. 따라서 주님의 믿음으로 산다는 것은 내가 사는 것이 아니라 내 안에 그리스도께서 사시는 것이다.[198] 우리가 의롭게 되는 것은 그리스도 예수님 안에 있는 구속을 통해 이루어진 것이다. "모든 사람이 죄를 지어 하나님의 영광에 미치지 못하였더니, **그리스도 예수님 안에 있는 구속**救贖을 통해 그분의 은혜로 값없이 의롭게 되었느니라." 롬 3:23~24

   십자가 위에서 그리스도께서 피를 흘리시고 다 이루신 그 대속에는 우리 인간의 어떤 의로운 행위나 공로나 우리 자신의 믿음이 포함되지 않았다. 오직 자신을 대속물로 내어 주신 우리 주 예수 그리스도의 믿음과 사랑으로 인한 '하나님의 의'와 용납하심뿐이다. "하나님께서 예수님을 **그분의 피 속에 있는 믿음** through faith in his blood 을 통해 화해 헌물로 보이셨으니 이는 하나님이 오래 참으심으로 지나간 죄들을 용서하여 자신의 의를 밝히 드러내신 것이라. 내가 말하거니와 이때에 하나님께서 자신의 의를 밝히 드러내시어 자신이 의로우시며 또 예수님을 예수 믿는 자를 의롭게 만드는 분이 되게 하려 하셨더라." 롬 3:25~26

   사도 바울이 모든 것을 배설물로 여긴 것은 오직 그리스도를 얻고자 한 것이다. 이를 위해 바울은 '하나님께로부터 나온 의'를 갖고자 했다. 그런데 '하나님께로부터 나온 그 의'는 오직 '그리스도의 믿음'을 통해 나온 것이다. 오직 모든 것이 '예수 그리스도의 믿음'이다.

   "그러나 무엇이든지 내게 유익했던 것들을 내가 그리스도를 위해 손실로 여겼노라. 참으로 확실하게 내가 이 모든 것을 손실로만 여기는 것은 그리스도 예수 내 주님을 아는 지식이 뛰어나기 때문이라. 내가 예수 그리스도를 얻기 위해 모든 것을 잃어버리는 아픔이 있었지만 그것들을 단지 배설물로 여기는 것은 그분 안에서 발견되려는 것이요 율법에서 나오는 나 자신의 의가 아니라 **그리스도의 믿음에서 나오는** through the faith of Christ 의니라. 그 의는 믿음을 통해 하나님에게서 나오는 것이니라." 빌 3:7~9

그러면 '나의 믿음'은 전혀 쓸모없는 믿음일까? 주님의 믿음과 나의 믿음의 상관관계를 위해 성경을 찾아보자. "이에 베드로가 그분께 대답하여 말씀드렸더라. 주여, 주님이시라면 내게 명령하여 물 위로 주님께 오라 하소서. 그분께서 오라 하시니, 베드로가 배에서 내려 물 위를 걸어 예수님께로 갔더라. 그러나 그가 바람이 사나운 것을 보고 두려워하더니 가라앉기 시작하더라. 그가 소리 질러 외쳤다. 주여, 나를 구원하소서. 예수님께서 즉시 손을 내밀어 그를 붙잡으시며 말씀하셨다. 오 믿음이 적은 자여, 어찌하여 너는 의심하였느냐? 그들이 배에 오르자 바람이 그쳤더라. 그때 배 안에 있던 자들이 와서 그분께 경배하며 말했더라. 진실로 당신은 하나님의 아들이십니다." 마 14:28~33

베드로가 물 위를 걸을 수 있었던 것은 누구의 믿음일까? 베드로 자신의 믿음일까 아니면 주님의 믿음일까? '오, 믿음이 적은 자여.' 하셨으니까, 믿음이 커지면 물 위를 걸을 수 있는 것일까? '걸을 수 있다. 걸을 수 있다.' 확신하면 물 위를 걸을 수 있을까? 아니다. 베드로는 자신이 물 위를 걸을 수 있다고 믿었기 때문에 물 위를 걸어간 것이 아니다. '오라.' 하시는 주님의 말씀과 주님의 믿음에 의지했기 때문에 물 위를 걸어간 것이다. 주님의 말씀과 주님의 믿음에 의지하는 것이 '믿음'이다. 이 믿음을 가질 때, 주님의 권능은 나의 권능이 되는 것이다.

다른 예를 하나 더 보자. 성전 미문에서 구걸하던, 나면서부터 걷지 못하는 불구자가 있었다. 그때 베드로가 외쳤다.[199] "은과 금은 내게 없지만 내게 있는 것으로 네게 주노라. 나사렛 예수 그리스도 이름으로 일어나 걸어라." 그러자 이 사람이 걷기도 하고 뛰기도 하며 하나님을 찬양했다. 이 앉은뱅이를 일으켜 세운 것은 무엇일까? 베드로의 능력이나 믿음일까? 아니다. "베드로가 그것을 보고 백성들에게 대답하더라. 너희 이스라엘 사람들아, 어찌하여 이 일에 놀라느냐? 마치 우리가 우리 자신의 권능이나 거룩함으로 이 사람을 걷게 한 것처럼 어찌 우리를 이토록 진지하게 쳐다보느냐?" 행 3:12

그렇다면 그 앉은뱅이의 믿음 때문일까? 전혀 아니다. 그는 오직 동냥을 바랐을 뿐이다. 낫고자 하는 마음이 없었다. 예수 그리스도의 이름 안에 있는 믿음을 통해 앉은뱅이가 고쳐진 것이다. "예수님의 이름이 **그분의 이름 안에 있는 믿음**through faith in his name을 통해 너희가 보고 아는 이 사람을 강건하게 하신 것이라. 참으로 **그분에게서 나온 믿음**the faith which is by him이 너희 모든 사람 앞에서 그를 이같이 완전히 낫게 하신 것이라." 행 3:16

구원도, 기적도, 건강도 주님 안에서 나온 믿음으로 주어지는 것이다. 그러므로 우리는 우리 믿음이 아니라 우리 주 예수 그리스도의 믿음이 주는 확신을 가지고 담대하게 주님의 왕좌 앞으로 나아갈 수 있다. "그분 안에서 우리가 **그분의 믿음으로** by the faith of him 담대함을 가지고 자신있게 나아가노라." 엡 3:12 "그러므로 형제들아, 우리가 예수님의 피를 통해 새롭고 살아있는 길로 지성소에 들어갈 담대함을 얻었으니, 이 길은 그분께서 우리를 위해 휘장 곧 자신의 육체를 통해 거룩하게 구별하신 것이라." 히 10:19~20

누가 감히 하나님 앞에 자신의 믿음과 의로써 담대히 설 자가 있을까? 이것은 자신을 희생물로 드려 피 흘리심으로 우리를 하늘의 지성소로 끌어 올리시려는 주 예수님의 믿음으로만 가능한 것이다. 우리가 할 일은 이 놀라운 진리의 말씀을 받아들이는 것이다. 그럴 때 구원이 있고 회심이 있다. "내가 그리스도와 함께 나무에 달려 못박혀 있으나 그럼에도 불구하고 내가 살아있으니, 이제는 내가 아니요 다만 그리스도께서 내 안에 사시는 것이라. 지금 내가 육체 안에서 사는 삶은 나를 사랑하시어 나를 위해 자신을 주신 **하나님 아들의 믿음** the faith of the Son of God 으로 사는 것이라." 갈 2:20

바울이 거듭날 때 십자가에 달린 채로 있었다. 그러기에 바울이 아니라 그리스도께서 바울의 육체 안에 살고 계셨다. 그러므로 지금 바울의 육체 안에 살고 있는 그 생명은 바울이 아니라 그리스도이시다. 하여 바울은 자기 자신의 믿음으로 사는 것이 아니라 하나님의 아들, 예수 그리스도의 믿음으로 사는 것이다. 이 얼마나 놀랍고 신비로운 그리스도인의 삶의 모습인가? 이것이 그리스도인의 참다운 삶의 모델이다. 바로 이러한 삶을 위해 주님께서 자신을 주셨으니 이것은 주님께서 우리를 사랑하셨기 때문이다. 믿음의 창시자요 완성자이신 우리의 주님을 찬양한다. 우리는 예수 그리스도의 믿음으로 산다.

IV. 이것이 요한계시록이다

24. 아마겟돈은 실제 전쟁인가?
25. 7년 대환난과 비밀 휴거는 있는가?
26. 브렉시트와 느부갓네살 신상
27. 동성애와 적그리스도
28. 한 눈에 보는 요한계시록
29. 이 땅에 천년 왕국은 있는가?
30. 하나님의 영원한 목적, 새 예루살렘

24

아마겟돈은 실제 전쟁인가?

말을 타고 광야를 달리는 우리의 돈키호테 … 세르반테스의 돈키호테처럼 풍차를 향해 달려라도 가고픈 심정이다. 시대는 저물어 가고, 때는 마지막인데, 우리 그리스도인은 어디를 향해 가고 있는가? 무엇을 기다리는가? 바쁘게들 가고 있고 열심히들 하고는 있는데 목표를 잃어버린 사람들 같다. 고도Godot를 기다리는 블라디미르와 계속해서 떠나자는 에스트라공처럼 신앙의 목표와 삶의 정체성에 혼란이 왔다. 사람은 불확실한 것을 싫어한다. 아니 두려워한다. 하여 미래에 대한 불확실은 더욱더 두려운 것이다. 믿음은 바라는 것들의 실체요 보이지 않는 것들의 증거이건만, 믿는 자들조차도 믿음보다는 확실한 것을 추구한다. 그러다보니 성경 말씀도 손에 잡히는 구절을 선호한다.

주님이 주신 마지막 성경 말씀이 요한계시록이다. 우리는 그 계시록조차도 문자 그대로 해석하고 싶어 한다. 그 속에 나오는 수많은 비유나 상징도 문자 그대로 보고 싶은 것이다. 그렇다. 보이는 것을 보는 것이 아니라 보고 싶은 것을 보는 게 인간이다. 하지만 요한계시록은 문자 그대로 해석하면 안 된다. 예외가 있긴 하지만.

결론부터 내리면 이렇다. 아마겟돈^{Harmageddon} 전쟁은 실제 전쟁이 아니다. 3차 대전이나 핵전쟁이 아니라는 것이다. 그렇다면 아마겟돈 전쟁은 과연 무엇이란 말인가? 이 전쟁은 예수 그리스도의 재림 전에 세계 곳곳에서 교회와 복음을 박해하는 전쟁이다. 아마겟돈 전쟁은 마지막 환난과 주님의 재림을 동시에 포함하는 사건이다.

성경은 아마겟돈 전쟁을 다음과 같이 묘사한다. "또 내가 보니 개구리 같은 더러운 세 영들이 용의 입과 짐승의 입과 거짓 선지자의 입에서 나오더라. 이들은 악한 영들의 영들인데 기적들을 행하며 땅과 온 세상의 왕들에게 나아가 전능자이신 하나님의 저 큰 날에 있을 전쟁을 위해 그들을 모으더라." 계 16:13~14

여기서 개구리들은 무엇일까? 개구리들은 더러움의 상징으로 이집트의 개구리 재앙을 비유한 것이다.[200] 세 개구리는 이집트의 여신 히케트^{Hecate}로 세 여신을 상징한다. 로마에서는 트리비아 즉 '세 길'이란 여신으로 숭배를 받았다. 이집트 메달에도 세 마리 개구리 형상이 있고 프랑스의 옛날 군대 깃발에도 세 마리의 개구리 형상이 그려져 있었다. 그리고 일루미나티^{Illuminati}와 프리메이슨^{Free Masonry} 상징에도 새겨져 있다. 세 개구리는 바벨론의 세미라미스 여신 숭배에 배경을 두고 있다. 세 개구리는 용과 짐승과 거짓 선지자의 입에서 나온 '악한 영들의 영들'로 표현되었다. 여기서 용은 사탄이고 짐승은 교황권의 정치 세력이고 거짓 선지자는 교황권의 종교 세력을 나타낸다.

세 개구리는 실제로 더러운 종교와 사상과 가르침을 의미한다. 그 대표가 무신론, 공산주의, 진화론, 인본주의, 자유주의 그리고 반反하나님 사상이다. 이 더러운 사상들이 1,800년대 말부터 시작해서 오늘날 온 인류의 생각과 사고를 변질시키고 있다. 공산주의는 플라톤의 '공화국' 철학을 토대로 만든 칼 막스의 공산주의 지령 The Communist Manifesto에서 시작됐다. 오늘날 최후의 공산주의 국가는 중국이다. 제수이트와 악한 세력들은 중국을 통해 마지막으로 미국을 공격하려고 할 것이다. 그 공격으로 개신교 복음을 파괴하는 아마겟돈 전쟁을 성취하려고 할 것이다.

성경에 나오는 아마겟돈은 어떤 곳일까? 오늘날 이스라엘 하이파 항구에서 가까운 갈멜산 옆에 '므깃도'가 있다. 과거에 가나안의 야빈과 이스라엘의 전쟁터였고 드보라가 승리한 지역이었다. 세대주의와 전천년주의는 므깃도를 아마겟돈이라고 한다. 므깃도 Megiddo는 아마겟돈이 아니다. 구약 성경에서 므깃도가 성城이나 산이라는 표현은 전혀 나오지 않는다. 므깃도 물가[201] 혹은 므깃도 골짜기[202]라는 표현은 나온다. 정리하면 아마겟돈이 실제로 어느 곳인지 밝히는 것은 불가능하다.[203]

아마겟돈 전쟁은 중국이나 유럽이나 어떤 국가가 므깃도에서 치르는 실제 전쟁이 아니다. 이 전쟁은 예수 그리스도의 재림 전에 세계 곳곳에서 교회와 복음을 박해하는 전쟁이다. 아마겟돈 전쟁은 마지막 환난과 주님의 재림을 동시에 포함하는 사건이다. 주님이 이 땅에 다시 오시기 전에 우리는 마지막 전투를 치러야 한다는 것이다. 이 마지막 전투에서 인류는 하나님 편이든지 사탄 편이든지 선택해야 할 것이다. 받아들이기 싫겠지만 하나님 편을 택한 성도들은 예수님 재림 직전에 있을 크나큰 박해와 환난을 준비해야 할 것이다.

흔히들 아마겟돈 전쟁이 있고, 곡과 마곡의 전쟁은 따로 있다고 생각한다. 에스겔서 38장과 39장은 시리아의 안티오커스 에피파네스가 하나님의 백성을 무섭게 핍박하는 날들을 예언한 것이다. 여기에는 곡과 마곡의 군대를 향한 하나님의 심판도 나온다. 그 핍박과 심판이 아마겟돈 전쟁과 너무나 비슷하다. 그래서 곡과 마곡의 전쟁은 계시록 16장과 19장에 나오는 아마겟돈 전쟁의 상징으로 쓰인 것이다. 당연히 실제 전쟁은 아니다. 곡과 마곡을 러시아라고 해석하는데 전혀 아니다. 또 실제로 러시아가 이스라엘을 침략한다고 하는데 그것도 아니다. 곡과 마곡은 땅의 사방에 있는 민족들(nations)을 가리킨다.[204] 이 민족들은 나폴레옹 시대에 만들어진 현대 민족주의의 민족이 아니다. 신약 성경의 민족은 사람들로 이루어진 민족이다.[205] 곡과 마곡의 전쟁은 마귀의 악한 영향력과 성도의 박해가 전 세계 곳곳에서 이루어지는 것을 시사한다.[206]

오늘날 주님의 진영^{camp}인 교회는 제수이트의 개구리 영과 싸우고 있다. 그러면서 무신론, 진화론, 공산주의, 신비주의, 힌두교, 이슬람교, 자유주의 신학 그리고 종교 통합 운동과 마지막 전투를 치르고 있는 것이다. 공중 권세를 잡은 바티칸은 정치, 경제, 종교, 언론, 스포츠, 과학, 예술 등을 장악해 버렸다. 이런 도구들을 통해 더러운 마귀의 영들을 온 세상에 퍼뜨리고 있다. 지금은 전 세계에 동성애를 퍼뜨리고 있다. 하나 더 첨가하면 베리칩^{Verichip}은 짐승의 표나 666이 아니다. 짐승의 표는 로마 카톨릭 신자들이 가슴에 긋는 십자 성호를 말하는 것이다. 물론 계시록에 나오는 짐승^{beast}이 베리칩을 도구로 사용할 수는 있다.

벌써 아마겟돈 전쟁은 시작됐다. "또 내가 보니 그 짐승과 땅의 왕들과 그들의 군대들이 함께 모여 말 타신 분과 그분의 군대를 대적하여 전쟁을 하더라." 계 19:19 그들의 군대들, 다시 말해서 이 악한 세력들이 마지막 때에 집결하는 이유가 무엇일까? 그리스도의 원수들이 모인다는 것은 참 교회를 대적하는 반^反기독교 활동과 거짓 종교 활동이 확산된다는 뜻이다. 사람들은 마지막 때가 가까울수록 마귀의 거짓과 속임수에 빠지게 될 것이다. 당연히 교회와 그리스도인들의 삶과 신앙생활은 더욱더 어려워질 것이다.

하지만 부흥의 중요성이나 가능성이 배제되어서는 안 된다. 우리는 하나님의 시간표를 알 수가 없다. 우리는 이렇게 생각하기 쉽다. 현재가 과거 어느 때보다 악하기에 마지막 날이 곧 닥칠 것이라고. 우리 앞의 세대들도 똑같이 오판한 적이 많다. 그런 때에도 하나님의 은혜로 부흥이 온 경우가 허다하다.

성경은 증거한다. "보라, 지금이 받아 주시는 때요, 보라, 지금이 구원의 날이로다." 고후 6:2 우리는 하나님께서 이 세상 역사를 언제 끝내실지 알 수 없다. 분명한 것은 이 세상은 애당초 하나님의 복음과 그리스도인들을 적대시 한다는 것이다. 계시록은 실제 세계 역사나 미래를 예언한 것이 아니다. 계시록은 핍박받던 1세기 초기 그리스도인들과 2천 년 교회 시대를 살아가는 환난 성도들을 위로하시려고 주님이 주신 말씀이다. 특별히 말세지말末世之末을 살아가는 우리들에게도 위로와 소망을 주시는 주님의 말씀인 것이다.

아마겟돈 전쟁은 실제 전쟁이 아니다. 아마겟돈 전쟁은 마지막 환난과 주님의 재림을 동시에 포함하는 사건이다. 자기 백성들을 구원하시기 위해 영광의 구름을 타고 주 예수 그리스도께서 재림하시는 사건이다. 예수 그리스도의 재림 전에 세계 곳곳에서 교회와 복음을 박해하는 전쟁이 일어나는 것이다.[207]

그래서 주님이 이 땅에 다시 오시기 전에 우리는 마지막 전투를 치러야 한다. 이제 우리 자신들을 살펴보자. 나는 이 마지막 전투에서 어느 편에 서 있는가? 우리는 우리 구원의 총 사령관이신 주 예수 그리스도의 깃발 아래 있어야 한다. 그리스도는 만왕의 왕이시며 만주의 주이시다. 아마겟돈 전쟁은 벌써 시작되었다. 우리는 언제든지 그리스도의 진영에 있어야 안전할 것이다. 하지만 아직은 구원의 날이요 은혜의 날이다. 남은 시간, 예배하고 영혼 구령하고 진리를 전파하고 사랑하며 살아야 한다. 영광의 주님 곧 다시 오신다. 그 복된 소망을 기다리며 서로 위로해야 한다. 마라나타^{Maranatha}, 주여, 그와 같이 오시옵소서!

25

7년 대환난과 비밀 휴거는 있는가?

『엄마가 사라졌다』는 수 코벳의 소설이다. 엄마 버나뎃이 가출했다. 엄마가 어린 시절로 돌아갔다. 주인공 버나뎃과 종말론이 닮아 있다. 조국 교회에 어느 때부턴가 종말론 강해가 사라졌다. 시한부 종말론자들 때문이다. 그러다 요즘 다시 붐이 일고 있다. 그런데 그 종말론이라는 것이 조금 수상하다. 성경이 말씀하는 것과는 많이 빗나가 있다. 특별히 다니엘의 70이레 the seventy weeks 예언과 마태복음 24장이 그렇다. 이 해석이 잘못되면 영원한 속죄 교리에 문제가 생기고 급기야는 요한계시록과 히브리서 해석까지 문제가 생긴다. 종국에는 예수님의 희생과 부활까지 무효화시키는 무서운 일이 벌어진다.

결론부터 말하면, 다니엘의 70주 예언은 다 이루어졌다. 따라서 7년 대환난과 교회의 비밀 휴거는 없다. 다니엘의 70주 예언은 구약 시대, 예루살렘 회복과 건축 명령 때부터 예수님이 메시아가 되시고 스데반이 순교할 때까지를 보여주는 중요한 예언이다. 이 예언을 이해하면 세대주의 누룩인 미래주의Futurism의 미혹을 간파할 수 있다. 그 중에서도 다니엘서 9장 24절과 27절이 해석의 고갱이다.

먼저 성경의 예언 어법에서 하루는 한 해와 등가等價이다.[208] 하루를 1년으로 계산한다는 말이다. 한 주는 7년이고 70주는 490년이다. 메시아Messiah는 구세주라는 뜻이요 그리스도라는 뜻이다. 그리스도는 기름 부음 받은 자the Anointed라는 뜻이다. 본명이 루시퍼Lucifer인 사탄[209]도 기름 부음 받았다.[210]

예루살렘 건축 명령이 내려진 때는 고레스 왕 시대인 주전 536년이었다.[211] 그러나 에스라가 예루살렘에 보내진 때는 아닥사스다 왕 시대인 주전 457년이다.[212] 주전 456년이라는 학자도 있다. 둘 다 맞다. 주후 '0'년을 포함시키면 주전 456년이 되고 '0'년을 빼면 주전 457년이 된다. 다니엘의 70이레가 시작되는 기점을 주전 457년으로 정하고 시작하자.

지금까지 이야기 한 것들을 바탕에 깔고 다니엘서 9장 24절로 27절을 해석해 보자. 칠십 이레를 정하신 분은 주님이시다. 연이어 예수님의 골고다 사역과 예수님이 기름 부음 받으실 것을 예언하고 있다. 영어 성경을 참고하면서 보자. 다니엘서 9장 25절의 통치자 메시아the Messiah the Prince는 26절의 메시아Messiah이다. 이 메시아는 예수님이시다. 당시 로마 황제 베스파시안은 소문자 통치자the prince로, 예수님은 대문자 통치자the Prince로 표기하여 예수님이 통치자 메시아이신 것을 구분하고 있다. 사도행전에서도 예수님을 대문자 통치자the Prince로 기록하고 있다.²¹³

우리는 통치자이신 메시아가 이 땅에 오시는 때가 에스라가 예루살렘에 보내진 때로부터 483년69주이 지나야 한다는 것을 알 수 있다.²¹⁴ 주전 457년에서 483년이 지나면 몇 년일까? 주후 27년이다. 주지하다시피 예수님은 주전 4년 10월 중순 경에 태어나셨다. 이 책, '응답하라 12월 25일'을 참고하라.

예수님은 30세 되시던 주후 27년 10월 중순 경에 침례를 받으셨다.²¹⁵ 예수님은 침례 받으실 때 성령님이 임하심으로 기름 부음 받으셨다. 바로 이때 예수님 자신이 메시아가 되신 것을 만 천하에 선언한 것이다.²¹⁶ 메시아의 뜻이 '기름 부음 받은 자'라는 것을 기억하자. 예수님이 태어나실 때는 메시아로, 구세주로 오신 것이지 그때 메시아가 되신 것은 아니다. '기쁘다 구주 오셨네'이지, '기쁘다 구주 되셨네'가 아니지 않은가. 그분은 항상 하나님의 아들이셨지만 기름 부음 받으셨을 때, 그분은 메시아로 등극하신 것이다. 할렐루야!

26절에 보면 이제 메시아가 끊어지신다. 이것은 십자가의 죽으심을 예언하는 것이다. 상술한 대로 483년째 되던 해, 즉 주후 27년 10월 중순경에 침례baptisma 받으시고 메시아가 되신 주님! 그로부터 공생애 3년 6개월을 보내신 후, 주후 31년 4월 14일 수요일 저녁 6시 직후에 십자가에서 내려지신다.

자, 이제 마지막 계산을 해보자. 490년이 채워지려면 몇 년이 남았는가? 483년에다가 공생애 3년 6개월을 더하면 486년 6개월이 된다. 다니엘의 70주 490년이 3년 6개월 남았다. 이건 어떻게 채워지는가? 예수님의 공생애가 끝나고 다시 3년 6개월이 지난 주후 34년 10월에 스데반이 순교했다. 그때 '다니엘의 70주'가 채워진 것이다.[217] 이렇게 해서 한 국가로서의 이스라엘에게 주어진 시간은 끝난다. 이때부터 이방인들에게 복음의 문이 열렸다.[218]

지금부터는 마태복음 24장과 직접 연결되어 있는 다니엘서 9장 26절과 27절을 보자. 여기서 장차 임할 왕[the prince]은 로마 황제 베스파시안이다. 그 왕의 백성은 당연히 로마 군대이다. 유세비우스의『교회사』를 보면 로마 군대가 그 도시 예루살렘과 그 성전을 파괴한다. '홍수로 뒤덮인 것 같을 것'의 의미는 예루살렘 성이 마치 홍수에 휩쓸리듯이 처참한 폐허만 남게 될 것이라는 뜻이다.[219] 이제 많은 논란이 되어왔던 27절로 들어가보자.

그[he]는 예수 그리스도인가 적그리스도인가? 여기서 신학이 갈라지고 종말론이 갈라지고 성경 해석이 갈라진다. 당연히 그[he]는 메시아이신 예수 그리스도이시다. 왕을 '그로 받았다고 하는데 성경에는 주어가 '왕'이 아니라 '왕의 백성들'이다. 왕의 백성들을 그[he]로 받을 수는 없지 않는가. 복수 명사를 어떻게 단수로 받을 수 있는가! 그뿐만 아니라 적그리스도는 교황권이지 한 사람을 지칭하는 것이 아니다. 그는 적그리스도가 아니다. 확실히 그[he]는 예수 그리스도이시다.[220] 바로 그가 한 이레 동안 언약을 확정하실 것이라 하셨다.

그 언약the covenant은 무엇인가? 그것은 죄 사함의 언약이다.[221] 죄 사함의 언약을 확정한 것은 예수님이 최후 만찬에서 하신 유언대로였다.[222] 그런데 전천년설을 주장하는 학자들은 이 언약을 확정시키는 자가 예루살렘 도시를 파괴시키는 왕이라고 해석한다. 이것은 성경에 근거한 해석이 아니다. 그렇게 되면 490년이 채워지지 않고 예언이 중단이 된다. 전천년주의자들은 한 이레를 세상의 역사와 적그리스도의 역사의 마지막 7년으로 이해한다. 다시 말해서 7년을 미래에 있을 사건으로 본다. 그러나 이스라엘 국가는 주후 70년에 실제로 멸망했기 때문에 다니엘의 70주 예언은 성취되었다. 당연히 마태복음 24장에 나오는 이스라엘의 멸망도 성취된 실제 사건인 것이다.

세대주의Dispensationalism는 예수회가 만들어서 우리 기독교에 집어넣은 누룩이다. 세대주의世代主義는 다니엘서 9장 27절의 그he를 '적그리스도'라 하고 이스라엘 국가의 멸망은 미래에 있을 것이라고 우리를 미혹한다. 그러고는 '7년 대환난설'과 '교회의 비밀 휴거'를 우리에게 퍼뜨렸다.

이것을 주장하는 사람들에게 묻고 싶다. 유대인들의 죄는 죄 사함에서 제외되어서 먼 훗날 7년 대환난 때 사해지는가? 예수님의 피는 유대인과 이방인을 구분하지 않으셨다. 죄sin와 죄들sins을 구분하지 않고 모두 용서하시고 세상의 죄와 죄들을 담당하셨다. 유대인들의 죄들을 남겨두지 않으셨다.[223] 예수님의 피의 효력을 쪼개서 먼 훗날 역사하도록 유보하지 않으셨다. '7년 대환난설'은 성경과 신학을 왜곡한 것이다.

개혁 시대 하나님의 사람들은 하나같이 '7년 대환난설'과 '비밀 휴거'를 믿지 않았다. 그러면서 교황권이 적그리스도 Antichrist라 가르쳤다. 하나님의 사람들은 다음과 같다. 마틴 루터, 존 위클리프, 존 녹스, 윌리엄 틴데일, 존 칼빈, 쯔빙글리, 필립 멜랑히톤, 아이삭 뉴턴, 존 폭스, 토마스 크렌머, 존 웨슬리, 조나단 에드워즈, 조지 휫필드, 찰스 피니, 찰스 스펄전 그리고 신실한 전도자들인 허드슨 테일러, 딘스데일 영, 드와이트 무디 등등이다.

2천 년 역사 속에서 그리스도 행세를 해 온 교황권이야말로 적그리스도이다. 그래서 한 이레 중간에 희생물과 봉헌물을 그치게 하는 자는 적그리스도가 아니라 예수 그리스도이시다. 이것은 율법에 따른 희생물과 봉헌물을 예수님 자신의 피로 폐지시키신 것을 의미한다.[224] 또 가증한 것들로 뒤덮기 위하여 그것을 황폐하게 할 것이라 하셨다. 가증한 것들은 로마 군대이다.[225] 여기서 정신을 차리고 봐야 한다.

우리는 그 왕의 백성들인 로마 군대가 주후 70년에 예루살렘과 성전을 파괴시킨 것을 알고 있다. 예언에서 메시아가 끊어진 결과로 로마 군대가 하나님께서 포기하신 그 도시와 성전을 파괴하러 올 것이라는 것이다. 그런 의미에서 그 도시와 성전은 디도 Titus와 로마 군대가 주후 70년에 그것을 파괴시킬 때 이미 황폐되어 있었다. 왕의 백성들인 로마 군대가 그것을 황폐하게 만든 것이 아니라 예수님께서 벌써 황폐하게 만드신 것을 디도 장군과 그의 군대가 파괴한 것이다.[226]

다니엘의 70주 예언은 성취되었다. 마태복음 24장도 성취됐다. 따라서 7년 대환난과 교회의 비밀 휴거는 없다. 우리는 이제 다시 오실 주님을 기다리고 있다. 이것이 복된 소망이다.[227] 성경이 말하는 종말론이 마지막 시대를 사는 우리들에게 시대를 분별하게 해 줄 것이다. 마라나타Maranatha의 신앙을 기대한다.

26

브렉시트와 느부갓네살 신상^{image}

* 이 시론은 2016년 7월 7일 침례신문 시론에 기고한 글이다.

놀라운 일이 일어났다. 영국이 유럽 연합 탈퇴를 결정했다. 이것을 브렉시트^{Brexit}라 한다. 유럽 연합과 브렉시트는 상황상 만들어진 시대 흐름인가 아니면 성경의 예언이 이루어진 것인가? 성경은 뭐라고 말하는가? 느부갓네살 신상의 발가락인 쇠와 진흙은 하나가 될 수 없다고 성경은 증거한다. 쇠와 진흙으로 된 두 발의 발가락은 오늘날까지 계속되고 있는 부서진 열 왕국들이다. 성경 예언에 따라 열 왕국이 부서졌기 때문에 완전한 유럽 연합은 있을 수 없다.

2016년 6월 23일 금요일, 세계 5위, 유럽 2위의 경제 대국 영국이 유럽 연합에 잔류하는 브리메인^{Bremain} 대신 브렉시트를 결정했다. 영국이 1973년 유럽 연합^{EU}의 전신인 유럽 경제 공동체^{EEC}에 가입한 후

43년 만에 탈퇴를 한 것이다. 브렉시트는 세 가지 이유 때문에 일어났다. 첫째는 급격하게 늘어난 난민으로 이루어진 이민자들에 대한 반발이었다. 둘째는 금융 중심지인 런던 은행가들이 소유한 엄청난 부富와 소득 불균형에 대한 반발이었다. 셋째는 유럽 연합의 무기력에 대한 반발이었다. 이로써 영국은 의도했든 의도하지 않았든 반反세계화의 방아쇠를 당긴 것이다.

세계화는 신자유주의Neoliberalism의 산물이다. 신자유주의는 자유무역과 국제 분업을 통한 시장 개방을 주장한다. 간단하게 말해서 자본과 노동력을 자유롭게 이동하자는 것이 세계화Globalization이다. 새로운 세계경제의 틀인 세계화는 정치에서는 세계 단일 정부World Government, 종교에서는 종교 통합으로 가는 길이다. 그런데 그만 영국이 유럽 연합을 탈퇴하자 그게 가로막힌 것이다. 성경의 진리와 예언은 한 치의 오차도 없이 이루어진다. 앞으로 바티칸 예수회Jesuits는 어떤 식으로든 영국에 보복을 할 것이다.

2016년 6월 29일, 영국의 국가 신용 등급이 AAA에서 AA로 두 단계 낮아졌다. 파운드화도 1파운드 당 1.3119달러가 되어 1985년 이후 최저치를 기록했다. 하지만 영국 명문 런던 정경대는 이렇게 추산했다. 최악의 경우 영국이 입는 직간접 경제 손실은 영국 국내 총생산GDP의 3.1%인 500억 파운드로 한화 약 85조 원 정도에 그칠 것이라고. 영국은 충격을 이겨내고 계속 자기 길을 갈 것이다. 잘 해낼 것이다. 우리 그리스도인은 영국과 영국 교회를 위해 기도해야 한다.

그뿐만 아니라 중동 지역의 전쟁이 빨리 끝날 수 있도록 기도해야 한다. 전쟁이 끝나야 난민들이 집으로 돌아갈 수 있다. 미국의 오판 (?) 때문에 계속되고 있는 현대판 종교 재판Inquisition인 아프가니스탄, 이라크, 시리아, 리비아 지역 전쟁이 난민 위기를 양산하고 있다. 진정 교회가 전쟁 난민을 위해 기도해야 할 때이다. 유럽 연합은 바티칸의 21세기 신성 로마 제국의 허상이다. 5세기 초반에 로마 제국의 권력이 무너졌다. 그러자 적그리스도 교황들은 황제의 권력을 약탈해버렸다. 그때부터 약 천 년 동안 교황들은 유럽 황제들을 통치하고 신약 교회를 박해해 왔다.

1870년 9월 20일, 이탈리아 가리발디 장군이 교황 비오Pio 9세를 바티칸에서 쫓아냈다. 그때부터 짐승 교황은 창녀 교황으로 변신한다. 교황 비오 9세는 스스로 감옥에 갇힌 사람으로 여겼다. 그 울분으로 인해 빼앗긴 유럽 대신 아메리카를 바치라고 유언했다. 세월이 흘러 오늘날 미국은 바티칸 속국이 되어 버렸다. 레이건 대통령 때 미국과 바티칸은 가증한 정교 조약concordat을 맺었다. 국가와 교회의 연합은 성경이 금하고 있다. 세계 역사에서 로마 바티칸Vatican은 신성 로마 제국의 향수에 젖어 나폴레옹, 스탈린, 히틀러 등을 앞세워 유럽을 통일하려 했으나 실패했다. 그러자 마지막으로 유럽 경제 공동체를 조직했다.

유럽 경제 공동체의 국기에 있는 열두 별은 아베 마리아 여신의 별이다. "하늘에 큰 이적이 나타났더라. 한 여자가 해로 옷 입고 있는데 그녀의 발 아래에는 달이 있고 그녀의 머리 위에는 열두 별의 왕관이 있더라." 계12:1 여기서 여자는 신약 시대 하나님의 백성인 하나님의 교회를 가리킨다. 해와 달과 열두 별의 관은 교회의 광채와 영광을 묘사한 것이다. 당연히 아베 마리아 여신의 열두 별은 요한계시록 12장 1절에서 가져온 모조품이다.

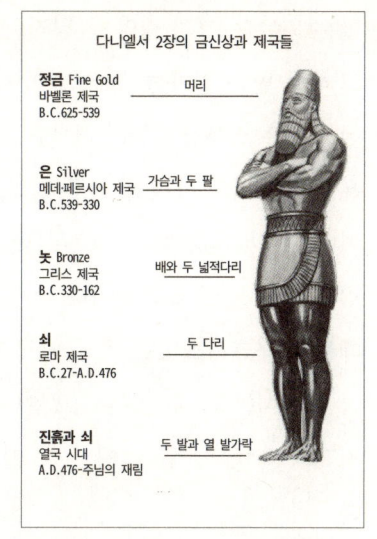

다니엘서 2장의 금신상과 제국들
https://blog.daum.net/love10040691/11277342

영국은 1611년 권위역 영어 성경KJV을 세상에 선물한 국가이다. 윌리엄 틴데일은 성경 번역 죄로 화형 당했다. 올리브 크롬웰Olive Cromwell은 영국과 하나님의 교회를 지킨 불굴의 크리스천이었다. 그런 영국이 바티칸의 헛된 꿈인 유럽 연합에서 탈퇴했다. 이것은 느부갓네살 신상의 발가락인 쇠와 진흙은 하나가 될 수 없다는 성경 말씀의 성취이다. "그 두 발의 발가락들이 얼마는 쇠요, 얼마는 진흙인 것같이 그 왕국도 얼마는 강하고 얼마는 부서질 것입니다. 왕께서 쇠와 진흙이 섞인 것을 보신 것같이 그들이 스스로를 사람들의 씨와 섞을 것이지만 쇠와 진흙이 섞이지 않는 것같이 그들이 서로에게 달라붙지 못할 것입니다." 단 2:42~43

느부갓네살 왕이 꿈에서 본 신상image은 세계 제국의 출현과 마지막 국가들을 묘사한다. "이 형상의 머리는 정금이요, 그의 가슴과 두

팔은 은이요, 그의 배와 두 넓적다리는 놋이요, 그의 두 다리는 쇠요, 그의 두 발은 얼마는 쇠요, 얼마는 진흙이었더라." 단 2:32~33 여기서 정금fine gold은 느부갓네살의 바벨론 제국, 은silver은 페르시아 제국, 놋brass은 알렉산더의 그리스 제국 그리고 쇠iron로 된 두 다리는 로마 제국이다. 쇠와 진흙clay으로 된 두 발의 발가락은 오늘날까지 계속되고 있는 부서진 열 왕국들이다. 성경 예언에 따라 열 왕국이 부서졌기 때문에 적그리스도인 바티칸 교황권이 꿈꾸는 제2의 신성 로마 제국은 다시는 올 수 없다. 그뿐만 아니라 바티칸 제수이트는 러시아 정교회Orthodox Church를 없앨 수가 없다. 성경에 대언되어 있기 때문이다.[228]

지금은 다니엘서 2장에 나오는 역사의 발가락 시대이다. 머지않아 공중의 뜬인 돌이요 만왕의 왕이신 주 예수 그리스도께서 재림하신다. 그때 짐승과 사탄은 산 채로 불 호수에 던져질 것이다. "이 왕들의 시대에 하늘의 하나님께서 한 왕국을 세우실 것인데 그 왕국은 결코 멸망하지 아니할 것이라. 그 왕국은 다른 백성에게 넘어가지 아니하며 오히려 이 모든 왕국들을 산산조각 내어 소멸시키고 영원히 설 것이라." 단 2:44

2천 년 전부터 주님 다시 오실 때까지는 교회 시대요 환난 시대이다. 혹시라도 차별금지법이 통과되면 교회와 많은 사람들이 어려움을 겪을 것이다. 하지만 아직은 복음과 구원의 문이 열려 있다. "그분이 말씀하신다. 이는 받아 주는 때에 내가 네 말을 들었고 구원의 날에 내가 너를 구조하였기 때문이라. 보라, 지금이 받아 주시는 때요, 보라, 지금이 구원의 날이로다." 고후 6:2 지금은 깨어서 기도하고 신앙과 믿음을 지켜야 할 마지막 때이다. 힘을 내야 할 때이다. "내가 너희에게 이 일들을 말한 것은 너희가 내 안에서 평안을 누리게 하기 위함이라. 세상에서는 너희가 환난을 당하겠지만 기운을 내라. 내가 세상을 이겼노라." 요 16:33 그 날the day of the Lord이 오기 전에 한 사람이라도 더 구원의 길로 인도해야 한다. 우리는 소망을 잃지 말아야 한다. 담대해야 한다. 시대 상황이 어찌되어도 하늘가는 그 날까지 주님이 교회와 함께 하실 거니까.

* 이 글을 쓸 때 수많은 갑론을박이 벌어졌다. 필자는 성경의 예언대로 될 것이라고 예견했고, 그 예견대로 영국은 2020년 12월 31일 현재 유럽 연합을 탈퇴했다.

27

동성애와 적그리스도

이 세상 제도와 조직은 사람이 만든 것이다. 예외가 있다. 하나님이 만드신 것이 있다. 무엇일까? 교회와 혼인 제도[marriage system]이다. 혼인을 통해 가정이 만들어진다. 하나님이 만드신 가정이 무너지고 있다. 가족이 파괴되고 있다. 한국이 OECD 국가 중 자살률 1위다. 이혼율은 세계 3위다. 가정 해체가 동성애와 관련이 있다니, 믿어지는가? 가정이 해체되면 교회가 무너지고 국가가 전복된다. 세계 곳곳에서 성소수자[LGBTI]라 불리는 이들의 상식을 넘어서는 행동은 위험 수위를 넘은 지 오래다.

성(性)소수자는 여자 동성애자[lesbian], 남자 동성애자[gay], 양성애자[bisexual], 성전환자[transgender] 그리고 간성[intersex] 등이 있다. 유럽에서는 동물과 성관계를 하고 동물과 결혼을 하는 말도 안 되는 일들이 법으로 인정되고 있다. 도대체 왜 세상이 이렇게 퇴락하고 있는 것일까. 그것도 온 세상이 말이다. 한국도 예외가 아니다. 국가의 복지 정책이 극빈 소외 계층이나 국가 유공자들은 배제시키고 있다. 그러면서 상식으로는 이해할 수 없는 삶을 사는 성소수자sexual minority들을 최우선으로 배려하고 있다. 왜 나라가 이상한 곳으로 가는 걸까. 도저히 이해할 수 없는 법안들이 계속해서 발의되고 있다.

동성애와 적그리스도는 어떤 관계가 있을까? 동성애가 어떻게 세상에 들어오게 된 것일까? 카인의 후손 니므롯은 하나님 앞에 강력한 사냥꾼이었다. 시날 땅에 바벨탑을 세우고 태양신을 숭배했다.[229] 니므롯은 적그리스도의 최초 모형이다. 니므롯Nimrod은 셈과 전능하신 하나님의 모든 백성들을 증오했다. 니므롯의 악행을 두고 볼 수 없었던 노아의 아들 셈이 니므롯을 죽였다. 그때 이미 세미라미스는 니므롯의 아이를 임신하고 있었다. 세미라미스는 자기 아들 담무스Tammuz를 니므롯의 환생이라고 속였다. 나중에 자기 아들과 결혼했다. 세미라미스는 니므롯이 죽은 다음 바벨론 모든 남녀의 결혼을 금지시켰다. 남자들을 독차지하려는 자신의 끝없는 성욕sexual desire을 채우기 위해서였다. 모든 남자들을 독점하려고 만든 법이 독신주의였다. 오늘날 카톨릭은 사제들이나 수녀들이 세미라미스 악습을 따라 독신으로 지내고 있다.[230]

그러나 하나님께서는 창조 때부터 남자가 홀로 있는 것이 좋지 못하다 하셨다. 주 예수님도 가나의 혼인식에서 최초의 기적을 행하셨다. 하나님께서 짝지어 주신 것을 사람이 나눌 수 없다고 성경은 증거한다.[231] 남녀는 혼인으로 사랑을 이루어 간다. 그런데 독신주의

celibacy가 성욕을 억제시키다 보니 동성끼리 성행위를 하게 된 것이다. 동성애가 퍼진 것이다. 성욕의 표현은 여러 가지 형태로 인류 문화 속에 자리 잡고 있다. 한 예로 성경에는 태양주상[232]이란 거대한 형상들이 나온다. 이 형상은 오벨리스크 Obelisk 인데 오늘날 로마의 베드로 성당 광장과 미국의 수도 워싱턴 DC에도 서 있다. 오벨리스크는 남자의 성기를 상징하는 것이다. 이것이 불교의 다보탑, 이슬람교의 신전탑, 성당 종탑 그리고 교회 종탑으로 유전되고 있다. 실제로 세상에 있는 모든 탑은 바벨탑에서 유래한 것이다.

한자어 탑(塔)을 풀면 합할 합合, 흙 토土, 풀 초草이다. 합合을 풀면 사람 인人, 한 일一, 입 구口가 된다. 합合은 최초 인류의 말이 하나였다는 뜻이다. 사람들이 벽돌土을 가지고 탑을 만들자 하나님이 흩으시고 그 위에 잡초만 남겨놓으셨다. 이것이 바벨탑이다.[233] 하나님의 저주를 받아 잡초만 남은 탑을 보여주는 것이다.[234]

동성애는 구약 시대부터 이미 퍼져 있었다. 동성애 homosexuality가 성경에 등장한 시기는 소돔과 고모라에서였다. 물론 그 전에 세미라미스가 독신 명령을 내릴 때부터 동성애는 바벨론에서 성행하였을 것이다. "그러나 천사들이 눕기 전에 그 도시의 사람 곧 소돔의 남자들이, 늙은이 젊은이 할 것 없이 사방에서 몰려온 모든 사람들이 그 집을 에워쌌더라. 그들이 롯을 부르며 그에게 말했더라. 이 밤에 네게 온 남자들이 어디 있느냐? 그들을 우리에게 데려오라. 우리가 그들을 알리라." 창 19:4~5 여기서 '소돔의 남자들'은 영어로 'sodomites'이다. '남색하는 자'라는 뜻이다. 현대에서는 남자 동성애자 gay를 지칭한다.

소돔의 남자들은 천사들에게까지 동성애를 시도하다가 눈이 멀게 되었다. 나중에 하늘에서 내리는 유황불에 멸망 당한다.

가나안 땅에서는 벨리알의 아들들이 동성애를 시도했다.[235] 태양신 숭배 의식을 할 때 남자 사제들이 동성애를 했다.[236] 아사 왕은 남색男色하는 자들을 추방했고[237] 여호사밧 역시 남색하는 자들을 추방했다.[238] 요시야 왕 때는 예루살렘 성전 옆에다 동성애 남자들이 주거하는 집까지 지어놓고 그 짓을 했다. "또 주님의 집 옆에 있던 남색하는 자들의 집을 헐었는데 그곳은 여인들이 작은 숲에 쓸 휘장들을 짜는 곳이었더라." 왕하 23:7 하나님께서는 율법에 동성애인 남색을 금하셨다. "이스라엘 딸들 중에 창녀가 없어야 하며, 이스라엘 아들들 중에도 남색하는 자가 없어야 할 것이라." 신 23:17

신약 시대에도 이 더러운 죄악이 성행했다. 특히 태양신 숭배 중심지인 그리스 고린도 지역에 성행했었다. "속지 말라. … 여성 역할 하는 남자들이나 남자들로 더불어 자신을 욕되게 하는 자들이나 … 하나님 왕국을 상속받지 못할 것이라." 고전 6:9~10 "음행을 일삼는 자들과 남자와 더불어 자신을 더럽히는 자들과…" 딤전 1:10 오늘날 로마 카톨릭이 바벨론 악습을 이어 받아 독신주의를 조장하고 있다. 그러다보니 동성애까지 포용하는 죄를 범하고 있다. 성경에서 로마 교황들은 적그리스도이다.

"그 여자는 자주색 옷과 주홍색 옷을 차려입고 금과 보석들과 진주들로 꾸미고 그녀의 손에는 금잔을 가졌는데 그 잔은 가증한 것들과 그녀의 음행으로 인한 더러운 것으로 가득 찼더라. 그녀의 이마 위에 한 이름이 기록되어 있더라. 곧 신비라, 큰 바빌론이라, 땅의 창녀들과 가증한 것들의 어미라." 계 17:4~5

2007년, 교황 베네딕토 16세는 동성 결혼은 인간 본성에 어긋나는 일이라 법으로 인정할 수 없다고 발표했다. 그런데 2014년 교황 프란치스코는 동성애를 포용하는 정책을 발표했다. 2014년 10월 14일, 바티칸 세계주교대의원회의 synod 중에 그때까지 죄악으로 규정했던 동성애를 인정하겠다고 선언했다. 여기에는 "동성애자들을 환영하고 우리 커뮤니티 속 형제 간의 공간을 제공해줄 수 있다. 가족과 결혼에 관한 카톨릭 교리와 타협하지 않고도 동성애자의 성적 취향을 받아들이고 존중할 수 있다."는 내용도 포함되어 있다.

독신주의가 낳은 동성애는 하나님의 법을 파괴하는 죄악이다. 가정을 파괴하고 인간성을 파괴하는 범죄다. 역사를 보면 거기서 어떤 일이 발생했는가? 고아원이다. 고아는 전쟁고아도 있을 것이고 미혼모 고아들도 있을 것이다. 최초에 생긴 고아원은 독신 사제들의 수도원과 독신 수녀들의 수녀원 사이에서 생겨났다. 독신주의는 많은 범죄를 유발한다. 동성애는 그 뿌리가 사탄에서부터 유래한다. 마귀의 가르침인 동성애는 혼인을 금지하는 독신주의에서 파생되는 것이다. "이들이 혼인을 금하고 음식물을 삼가라 명령할 것이나." 딤전 4:3

지금까지 살펴본 대로 고대 바벨론이나 후기 바벨론에서 성행한 죄가 바로 동성애였다. 그 바벨론의 악령을 그대로 이어 받은 종교가 로마 카톨릭이다. 하여 그들 스스로가 성경의 큰 바벨론인 것을 입증하고 있는 것이다.

이제 온 세상에 동성애 바이러스가 널리널리 퍼질 것 같다. '성^{性}소수자'란 이름으로 끊임없이 동성애 합법화를 선동하더니 마침내 하나님을 대적하기 시작했다. 현재 유럽은 대부분 동성애를 인정하고 있다. 동성애자들과 좌파들의 기나긴 투쟁의 결과로 젠더 평등, 동성애, 동성혼이 합법화되었다. 이로 인해 수많은 국가들이 무너지고 해체됐다. 2001년 네덜란드가 제일 먼저 백기 투항을 했다. 그 이후 벨기에[2003], 스페인[2005], 노르웨이[2008], 스웨덴[2009], 아이슬란드[2010], 덴마크[2012], 프랑스[2013], 영국[2013], 룩셈부르크[2014], 아일랜드[2015] 순으로 이어졌다. 미 대륙은 캐나다[2005], 아르헨티나[2010], 우루과이[2013], 브라질[2013]이 차례로 손을 들고 말았다. 2015년 6월 26일 미 연방 대법원의 동성 결혼 합법화로 미국도 그 대열에 동참하고 말았다. 아프리카는 남아공[2006]이, 오세아니아 대륙은 뉴질랜드[2013]에 이어 호주가 무너졌다. 아시아에서는 2017년 5월 24일 대만이 아시아 최초의 동성애 합헌 국가가 됐다.

아이러니하게도 개신교 국가나 카톨릭 국가와는 달리 중동이나 아프리카 무슬림 국가들은 동성애나 동성 결혼을 하면 징역형이나 사형까지 시킨다. 세계 70여 국가에서 금하고 있는 동성애 결혼이 이제 그 빗장이 풀리고 있다. 한국도 학교에서 그것도 초등학교에서 동성애를 가르치는 세상이니 말세 중에 말세가 온 것이다.

지금 한국과 한국교회는 위기의 상황이다. 나라와 교회가 어려울 때 정교분리의 원칙만 고수하면서 수수방관하는 것은 죄이다. 정교분리 concordat는 정부와 교회가 서로의 영역과 일에 간섭하지 않을 때 지켜지는 것이다. 이것이 헌법의 정신이요 성경의 사상이다.[239] 정부가 종교의 자유, 양심의 자유, 사상의 자유 그리고 표현의 자유를 억압할 때 그리스도인은 헌법과 기본권에 근거해 주권을 행사할 수 있는 것이다.

그리스도인도 대한민국 국민이다. 대한민국의 주권은 국민에게 있다. 가만히 있지 말고 움직여야 한다. 이제 우리 그리스도인이 해야 할 첫 번째 일이 있다. 무엇일까? 우리 마음을 주님의 얼굴 앞에 물 같이 쏟아놓는 것이다.[240] 우리의 무관심과 행함 없음을 회개하는 것이다. 그리고 동성애의 진실과 차별금지법 평등법의 폐해를 나부터 알고 알리고 막아야 한다. 그래야 하나님이 이 땅을 고치신다.[241] 특별히 진리를 선포하고 지켜야 하는 목회자가, 외쳐야 할 때 침묵하는 것은 죄다. 용기가 필요한 때이다. 하나님의 크신 은혜와 긍휼하심을 구하며 기도한다.

젠더와 동성애
특강 영상 보기

28

한 눈에 보는 요한계시록

성경 66권 중에서 가장 많은 관심을 받는 책은 어떤 책일까? 동시에 가장 많은 오해를 받는 책은? 요한계시록이다. 거기다 가장 많이 읽지 않는 책도 요한계시록이다. 어렵다고들 생각하기 때문이다. '계시'는 '베일을 벗긴다'는 뜻이다. 계시revelation는 성경에서 감추어진 어떤 것을 드러내는 의미로 사용된다. 특별히 인간 스스로는 영원히 알 수 없는 그 무엇을 하나님이 밝혀 주시는 것을 '계시'라고 한다. 물론 하나님이 밝혀주시면 알 수 있는 계시도 있다.

요한계시록은 어떤 책일까? 책 제목이 '요한계시록'이니까 사도 요한의 계시일까? 아니다. 계시록은 예수 그리스도의 계시이다. "예수 그리스도의 계시라. 이 계시는 하나님께서 반드시 속히 일어나야 할 일들을 예수 그리스도의 종들에게 보여주시려고 예수님에게 주신 것이라. 예수님께서는 자신의 천사를 통해 자신의 종 요한에게

그 계시를 보내시고 표적으로 보여주셨더라." 계1:1

'예수 그리스도의 계시'라는 게 무슨 말인가? 하나님께서 예수님에게 주신 계시를 다시 우리에게 주셨다는 뜻이다. 요한계시록의 장엄한 주제는 '예수 그리스도와 그분께서 우리에게 주신 계시'이다. 물론 요한계시록 안에는 대언과 예언이 들어있다. 그러나 계시록의 초점은 예언이 아니다. 사람들은 종말론에 관심이 많다. 주님은 언제 다시 오시는지, 과연 이 땅에 천년 왕국은 있을 것인지, 아마겟돈 전쟁은 언제 일어날 것인지 따위에 논쟁이 붙을 정도로 관심이 많다.

천년 왕국 이야기를 먼저 해보자. 구약 성경 전체에서 천년 왕국과 연관된 '천 년' 기간을 제시하는 구절은 하나도 발견되지 않는다. 게다가 구약 성경에서 '천년 왕국'을 언급하는 예언 구절은 단 한 곳도 없다. 신약 성경에는 요한계시록 20장에 '천 년'이라는 단어가 6번 나오지만, '천 년'이라는 기간을 나타내는 것은 아니다. 거기다 천년 왕국millennium이라는 단어는 아예 나오지 않는다. 성경은 이 땅에 세워지는 천년 왕국은 없다고 말한다. 학설을 믿지 말고 말씀을 믿자!

또 성경은 예수 그리스도의 재림 이전이나 이후에 이 땅 위에 '천년 왕국'이 있을 것이라고 가르치지 않는다. 교회의 비밀 휴거rapture나 7년 대환난the Great Tribulation도 성경에 없는 '전설 따라 삼천리'이다. 요한계시록을 읽고 묵상할 때 우리가 꼭 알아야 할 것이 하나 있다. 뭘까? 계시록은 역사를 기록할 때처럼 사건을 사실대로 그대로 기록한 것이 아니라는 것이다. 계시록은 그 당시 일어나고 있던 사건들 뿐만 아니라 계시록이 기록될 당시에서 볼 때 미래에 있을 사건들을 비유법을 통해서 전해주고 있다.²⁴²

따라서 계시록은 수많은 상징과 표적들을 포함하고 있다. '표적'이란 하나님이 일하시는 것을 보여주는 표시나 기적을 말한다. 최초의 표적signs은 모세의 지팡이가 뱀으로 변하고 모세의 손이 나병leprosy이 되었다가 나은 것이다. 비유는 진리를 드러내기도 하지만 동시에 감추기도 한다. 상징도 마찬가지이다. 그렇다면 왜 주님은 계시록을 주시면서 비유와 상징이라는 방식을 택하셨을까?

요한계시록은 지금부터 2천 년 전인 1세기 그리스도인에게 주신 말씀인 것을 기억해야 한다. 사도 요한은 로마 제국 안에 살고 있으면서 그로 인해 고통을 당하고 있는 초대 그리스도인들에게 글을 쓴 것이다. 요한은 고난받는 그리스도인들을 강건하게 하고 싶었으나 공공연히 드러나게 글을 쓸 수가 없었다. 자신에게 닥칠 위험보다는 그 글을 읽는 그리스도인들이 받을 결과 때문이었다. 그래서 요한은 계시록의 주제와 내용을 원리를 통해 다루어야 했고, 이것 때문에 비유와 상징을 사용했던 것이다.

초기 교회 그리스도인들은 성령님의 조명 아래 요한의 말을 이해할 것이지만 로마인들과 이방인들은 읽어도 아무것도 이해하지 못했을 것이다. 다시 말하지만 계시록의 초점은 종말론이 아니라 '예수 그리스도와 그분의 계시'이다. 예수님이 하신 말씀이다. "성경 기록들을 탐구하라. 이는 그 안에서 너희가 영원한 생명을 얻는다고 생각하기 때문이니, 바로 그 성경 기록들이 나를 증언하느니라." 요 5:39

성경은 예수 그리스도를 증거한다. 요한계시록도 영광의 구주시요 영원한 소망이신 예수 그리스도를 증거하는 책이다. 요한계시록을 듣고 읽는 사람들은 주님이 언제 재림하시는가에 초점을 맞출 것이 아니라, 주 예수 그리스도를 만나는 일에 집중해야 한다. 왜냐하면 요한계시록은 주님의 교회가 겪는 순례의 길과 최후 승리를 영의 원리로 제시해 주는 책이기 때문이다. 정확하고 세밀한 역사 이야기가 아니라 큰 원리들을 보여주는 것이다. 이 원리들 principles 은 초대 교회 시절에 적용되었고 지금도 적용되며, 마지막 최후의 심판에 이를 때까지 유효할 것이다.

이 원리들에 비추어 보면, 계시록은 어떤 책인가? 먼저 계시록은 주 예수 그리스도와 그분의 교회를 이야기하는 책이다. 계시록은 교회를 향해 기록되었다. 교회를 돕고, 위로하고, 자극하고 세우기 위해 기록된 것이다. "요한은 하나님의 말씀과 예수 그리스도의 증언과 자기가 본 모든 것을 증언하였더라. 복이 있도다. 이 대언의 말씀들을 읽는 자들과 듣는 자들과 그 안에 기록된 것들을 지키는 자들이여. 이는 그 때가 가깝기 때문이라." 계 1:2~3

두 번째로 요한계시록은 계시의 책이다. 뭔가를 드러내는 책이다. 초대 교회는 핍박을 받고 있었고, 그리스도인들은 뭐가 어떻게 되어가는지 혼란스러웠다. 그래서 그 당시 그리스도인들에게 일어나고 있는 일들과 진짜 일어날 일들을 볼 수 있는 그들의 눈을 열어 주기 위해 특별히 이 책이 주어진 것이다.

세 번째로 요한계시록이 이와 같은 것을 드러내고 지식을 전달할 때 상징들과 표적들을 사용한다는 것이다. 이 상징과 표적을 통해 원리를 보여 주는 것이다.

네 번째로 요한계시록은 모든 세대의 그리스도인에게 교훈을 주기 위해 기록된 것이다. 단순히 흥밋거리를 제공하거나 호기심이나 정치나 역사의 사건들을 만족시키기 위한 책이 아니다. 그러므로 특정 인물이나 사건들에 우리의 관심이 쏠리면 안 된다. 우리는 하나님의 진리와 우리의 복되신 주님과 그분의 교회에 집중해야 한다. 나아가 모든 세대를 지나 종말에 이르기까지 주님과 그 교회를 향하신 하나님의 위대한 목적에 우리의 눈이 가야 한다.

이제 요한계시록 22장 전체의 개요를 살펴보자. 계시록은 크게 일곱 부분으로 나뉜다. 1, 2, 3장에서는 주 예수 그리스도가 교회 가운데 계신 것을 본다. 또 처음 세 장에는 교회 시대 전체가 담겨 있다. 4장과 5장에는 역사의 주인이신 주님이 교회에 주시는 말씀이다.

그렇다면 역사는 어떻게 될까? 역사는 시대의 종말과 최후 심판으로 이어진다. 이것이 6장과 7장이다. 8장에서 11장은 주님과 주님의 교회, 이 땅에 있는 교회에 일어날 일들과 최후의 심판 그리고 구속 받은 자와 멸망한 자들의 이야기가 펼쳐진다.

12장에서 14장은 주 예수 그리스도는 중심에 계시고 그분의 백성과 그분의 자손과 대적자들이 나온다. 대적자는 마귀와 마귀가 권세를 준 짐승과 바벨론 등 교회를 대적하는 모든 원수들이다. 그리고 최후의 심판과 구속 받은 자들과 멸망한 자들이 다시 등장한다.

15장과 16장에는 다시 한번 어린양과 그분의 백성이 나오고 최후의 큰 전쟁인 아마겟돈 전쟁이 나온다. 아마겟돈(Harmageddon) 전쟁은 핵 전쟁이나 3차 세계 대전이 아니다. 이 전쟁은 마귀와 그의 수하 세력들이 하나님의 교회를 대적하고 핍박하는 영의 전쟁이다. 동시에 아마겟돈 전쟁은 주님의 재림 사건을 포함한다. 물론 이 영의 전쟁은 우리의 삶과 신앙에 실제로 영향을 끼치기도 한다.

17장에서 19장에는 바벨론이 나오고 두 짐승과 이들을 따르는 자들의 최종 멸망에 대한 이야기가 나온다. 그리고 구속 받은 자들은 그리스도의 신부로 나온다. 주님은 백마를 타고 입에서는 검이 나오는 모습으로 영광 중에 나타나신다.

마지막으로 20장에서 22장은 사탄 마귀의 심판과 파멸 그리고 이에 대비되는 교회의 최후 승리를 보여준다. 영원한 영광의 도래와 하늘에서 내려오는 하나님의 성, 새 예루살렘이 나온다. 모든 일이 끝나고 완성된다. 어린양 예수께서 그 거룩한 성 가운데 계신다. 그 성에는 그분의 빛과 얼굴 광채만으로 충분하여 해나 달은 필요가 없다.

종합해서 정리하면 이렇다. 요한계시록은 주 예수 그리스도와 그분의 교회 그리고 이에 대적하는 마귀와 그의 세력 사이에 벌어지는 충돌을 묘사하는 것이다. 이 싸움은 우리 주님이 이 땅에 처음 오신 날부터 시작되었다. 아기 예수를 죽이려고 했던 헤롯 왕으로부터 시작된 이 싸움은 지금까지 계속되고 있으며 주님이 마지막 승리를 거두실 때까지 계속될 것이다. 이것은 바꿀 수도 없고, 바뀌지도 않는 확실한 승리이다.

"우리를 사랑하시고 자신의 피로 우리의 죄들을 씻으시고 하나님 곧 자신의 아버지를 위해 우리를 왕과 제사장으로 삼으신 그분께 영광과 통치가 영원토록 있기를 원하노라. 아멘. 보라, 그분께서 구름들과 함께 오신다. 모든 눈이 그분을 볼 것이요 그분을 찌른 자들도 볼 것이요, 땅의 모든 족속들이 그분 때문에 통곡하리라. 참으로 그러하리라, 아멘." 계1:5(b)~7

아마겟돈 전쟁이 세계 곳곳에서 벌어지고 있는 역사의 마지막 때인 오늘도 주님은 우리를 지키시고 인도하신다. 주님은 죽음을 죽이시고 죽음을 정복하셨다. 역사를 다스리시고 영원히 통치하신다. 승리자이신 우리 주님으로 인해 1세기 그리스도인들은 그 모진 박해를 이기고 승리했다. 우리도 곧 승리할 것이다. 주님은 알파와 오메가요 시작과 끝이시다. 주님은 지금도 계시고 전에도 계셨고 장차 오실 분이시요 전능한 분이시다. 영원하신 주님을 찬양하자!

아, 여기서 한 가지 정리하고 지나가자. 계시록은 보는 관점이 중요하다. 요한계시록을 보는 관점은 세 가지가 있다. 과거주의, 미래주의 그리고 역사주의이다. 과거주의Preterism는 요한계시록에 예언된 모든 것이 이미 일어났다고 보는 주장이다. 실제로 주후 4세기 초까지 그 모든 예언이 발생했다고 하는 이론이다. 이 과거주의 관점은 1614년 예수회 사제, 알카자르Alcazar가 최초로 제안한 것이다. 요한계시록 전체가 교황권이나 로마 카톨릭교회나 기타 타락한 교회들과 연관이 있는 것이 아니라 주후 3세기까지만 다룬다고 하는 아주 편리한 해석법이다. 동의할 수 없는 해석이다.

미래주의Futurism는 미래에 대해서 강조한다. 미래주의는 과거주의와 동전의 양면이다. 미래주의는 1603년경에 예수회 사제, 리베라Ribera가 제안한 이론이다. 요한계시록에 나타나는 사건들은 교회가 이 땅에서 하늘로 옮겨진 이후에 일어날 것이므로 계시록은 교황권과 무관하다는 주장이다. 미래주의는 넬슨 다비가 1830년 예언 집회에서 가르치면서 알려졌다. 20세기에 들어와서는 스코필드 관주 성경을 통해 널리 알려지게 되었다. 받아들일 수 없는 주장이다.

역사주의Historicism는 세 가지로 나누어진다. 첫 번째는 교회사로 본 역사주의이다. 이 이론은 요한계시록을 단지 교회사의 요약이라고 보는 것이다. 교회사 역사주의는 시대 사건에 따른 역사주의와 비슷한 면이 있다. 그래서 시대 사건을 따라가는 역사주의를 알게 되면 교회사 역사주의도 이해할 수 있다. 이 해석법은 프로테스탄트 종교개혁자들 대부분이 갖고 있던 생각이었다. 이 해석법은 지나치게 은밀하며 약간의 결함을 지니고 있다.

두 번째는 시대별 사건으로 본 역사주의이다. 이 이론은 사도 요한에게 주어져서 요한계시록에 기록된 환상들이 실제로 일어난 것들을 상징한다고 가르친다. 봉인들과 나팔들과 대접들이 연대순으로 종말까지 잇달아 일어날 역사의 사건들을 나타낸다고 가르친다. 이 이론의 단점은 여러 세기에 걸친 자세한 역사 지식을 요구한다는 것이다. 요한계시록에 나타난 모든 사건들이 세계사의 개별 사건에 대한 언급이라면 우리가 세계 모든 역사에 대한 전문가가 되어야만 계시록을 읽을 수 있게 되는 것이다.

하지만 계시록은 그리스도인을 위해 쓴 것인데 1세기 그리스도인들 중 많은 사람들이 교육을 잘 받지 못했다. 그뿐만 아니라 지난 수 세기 동안 계시록을 읽고 은혜와 용기를 얻은 그리스도인들은 결코 세계 역사에 대한 전문가가 아니었다. 그리고 계시록의 상징을 시대별 사건으로 보는 사람들은 그 상징이 무엇을 뜻하는가에 대해 끝도 없이 의견이 갈라진다. 조심할 것은 특별한 사건이나 역사의 인물에 요한계시록의 가르침을 연관시키려 하는 순간, 영의 차원으로부터 물질의 차원으로 내려가는 중대한 위험에 처하게 된다. 다시 말해서 이 이론은 영의 의미라기보다는 시대별 사건의 연속으로 보인다. 잊지 마시라. 요한계시록은 위로와 소망을 주는 계시의 책이다.

세 번째는 영의 눈으로 본 역사주의이다. 이것은 주 예수 그리스도와 주님의 교회가 치르는 싸움과 최후 승리에 관한 성경의 원리들을 보여준다. 계시록은 주 예수 그리스도와 그분의 교회를 드러내 보여주는 책이다. 계시록은 교회에 주신 것이요 교회에 대해 쓴 것이다. 교회를 도와주고 위로하고 자극하고 교훈을 주기 위해 쓴 책이다. 또 계시록은 계시의 책이다. 계시는 무언가를 드러낸다는 뜻이다. 계시록은 장막을 여는 책이다. 주 예수 그리스도와 교회와 종말에 대한 통찰력을 얻고 이해력을 얻는 책이다. 성경은 바로 이 세 번째 관점을 지지하고 있다.

요한계시록을 이해하는 방법은 정독과 통독을 계속하는 것이다. 이것만은 기억하자. 요한계시록은 주 예수 그리스도와 사탄의 보이지 않는 전쟁을 드러내는 것이다. 또한 신실한 그리스도인들과 사탄의 추종 세력들 사이의 싸움을 보여주는 것이다. 이것을 깨달으면 요한계시록을 보는 눈이 열리는 것이다.

한 눈에 보는 계시록
영상 보기

29

이 땅에 천년 왕국은 있는가?

천년 왕국에 흥미가 있는가? 계시록으로 가야 한다. 계시록 20장은 '천 년'에 대한 말씀이다. 이 '천 년'이 상징이냐 문자 그대로의 의미냐를 놓고 학설과 논쟁은 지금도 계속되고 있다. '천 년'을 실제 기간으로 해석하면, 주 예수님이 재림하시기 전이나 후에 이 땅에 '천년 왕국'이 있다고 보는 것이다.

예수님 재림 이후에 이 땅에 천년 왕국이 있다고 믿는 것을 '전천년설'이라고 한다. '전천년설' 중에서도 '7년 전 휴거설'을 주장하는 사람들을 '세대주의자들'이라고 한다. '세대주의'는 로마 카톨릭 신학자들과 예수회가 퍼뜨린 누룩이다. 성경을 왜곡하는 학설이다. '후천년설'은 예수님 재림 이전에 이 땅에 천년 왕국이 있다고 믿는 학설이다. 역시 성경을 왜곡한 것이다.

성경이 말씀하는 '천 년'은 '역사주의 무천년설'이다. 이것은 계시록의 천 년을 부인하는 것이 아니라, '천 년'을 상징으로 보면서 전체를 포괄하는 예언으로 이해하는 것이다. 다시 말해서 2천 년 신약 교회 시대에 이미 실현되고 있는 '천 년'으로 보는 것이다. 역사주의 중에서도 영의 눈으로 보는 역사주의가 성경과 부합한다. 이것은 주 예수 그리스도와 그분의 교회가 치르는 싸움과 최후 승리에 대한 성경의 원리들을 보여 준다.

천 년은 실제 기간인가 상징 숫자인가

구약 성경 전체에서 천년 왕국과 관련된 '천 년' 기간을 제시하는 구절은 하나도 발견되지 않는다. 게다가 구약 성경에서 '천년 왕국'을 언급하는 예언 구절도 없다. 신약 성경에는 계시록 20장에 '천 년'이라는 단어가 6번 나오지만, '천 년'이라는 기간을 나타내는 것은 아니다. 거기다 '천년 왕국'이라는 단어는 아예 나오지 않는다. 성경은 이 땅에 세워지는 천년 왕국은 없다고 말한다. 학설을 믿지 말고 말씀을 믿자!

계시록은 1장부터 끝까지 계속 '상징'이나 '상징 표현'으로 이어져 있다. 일곱 수, 666, 마흔두 달, 천이백육십 일, 천육백, 만 이천, 십사만 사천 등등의 숫자는 모두 '상징 숫자'이다. 똑같이 '천 년'도 일천 년이라는 기간을 나타내는 것이 아니라 '상징 숫자'로 보아야 한다.

요한계시록 20장 4절과 5절을 가지고 천 년이 정해진 기간이 아니라 상징 기간인 것을 증명해보자. 영어에서 천 년, 이천 년, 삼천 년을 표현할 때 one [two, three] thousand years 라고 하지 않는가. 이것은 정해진 일정 기간을 나타내는 것이다.

"그들이 살아서 그리스도와 함께 **천 년**을 다스렸더라." 계 20:4 "그러나 나머지 죽은 자들은 **그 천 년**이 끝날 때까지 다시 살지 못하였더라." 계 20:5 여기서 천 년은 영어 성경에 'a thousand years'이다. 부정 관사 'a'를 썼다. 무슨 말인가? 부정 관사는 영어에서 정해지지 않은 것을 뜻하는 관사이다. 그렇다면 'a thousand years'는 정해진 기간인 천 년이 아니라 상징 숫자를 나타내는 것이다. 그리고 '그 천 년, the thousand years'는 'a thousand years'를 받은 것이다. 다시 말해서 둘 다 상징 숫자를 나타내는 것이다. 그러면 요한계시록 20장의 천 년은 무엇을 말하는가? 이것은 하늘에서의 통치 시대를 나타내는데 예수님이 침례받으셨을 때부터 예수님이 재림하실 때까지를 나타낸다. 통칭 교회 시대라고 한다.

성경에서 3은 하늘의 숫자이고 4는 땅의 숫자이다. 3과 4를 곱하면 12가 된다. 이렇게 하늘과 땅의 숫자를 곱한 '열둘'은 '제자'의 숫자이다. 또 열두 제자를 세상의 숫자인 여섯으로 나누면 둘이 되어, 증인의 숫자가 된다. 그래서 전도는 둘씩 나가야 한다. "이 일 후에 주님께서 따로 또 칠십 명을 세우시고 그분이 친히 가려고 하셨던 각 도시와 지역으로 자신이 보는 앞에서 두 사람씩 보내셨더라. 주님께서 그들을 보내시며 말씀하셨더라. 참으로 추수할 것은 많으나 일꾼들이 적으니 주님께서 자신의 추수 밭에 일꾼들을 보내주시도록 너희는 추수하시는 주님께 간청하라." 눅 10:1~2

이렇게 열두 제자와 같이 교회는 복음의 증인들이며 동시에 예수님의 제자들이 되는 것이다. 또 성경에서 '다섯'은 안식과 은혜를 뜻하고 '천'은 무한의 은혜를 나타낸다. 성경에서 '천'이라는 숫자는 '완전한 충만'을 뜻한다. "너희는 그분의 언약, 곧 그분께서 일천 세대에 이르기까지 명령하신 그 말씀을 항상 명심하라." 대상 16:15

'천 년'을 '천년 왕국'으로 보는 사람들의 해석 근거는 크게 두 가지이다. 하나는 첫째 부활에 참여한 자들이 '다스린다'는 표현 때문이다. "그 첫째 부활에 참여하는 자는 복이 있고 거룩하도다. 둘째 죽음이 그들을 다스릴 권능이 없고 오히려 그들이 하나님과 그리스도의 제사장들이 되어, 그분과 함께 천 년을 다스릴 것이라." 계 20:6

또 하나는 이사야서 11장의 예언 때문이다. "이리도 어린양과 함께 거하고, 표범이 새끼 염소와 함께 눕고, 송아지와 어린 사자와 살진 가축이 함께 있어 어린아이가 그것들을 이끌 것이라. 암소와 곰이 함께 먹으며, 그 새끼들이 함께 누울 것이요, 사자가 소처럼 풀을 먹을 것이라. 젖 먹는 아이는 독사 굴에서 놀고 젖 뗀 아이는 독사 굴에 자기 손을 넣을 것이라. 그들이 나의 거룩한 산 모든 곳에서 상하거나 멸망하지 아니하리라. 이는 물이 바다를 덮는 것같이 땅이 주님을 아는 것으로 충만할 것이기 때문이라." 사 11:6~9 이 말씀은 구원받은 사람들의 변화된 성품을 말한다. 그리고 성도들이 복음 안에서 누리는 평안을 의미한다. 이것이 '천년 왕국'을 묘사하는 말씀은 아니다. 이것을 천년 왕국으로 해석하는 것은 세대주의 해석이다.

"또 내가 보니 한 천사가 하늘에서 내려오는데, 그 손에 바닥이 없는 구덩이의 열쇠와 큰 사슬을 가졌더라. 천사가 용을 붙잡으니 그 용이 저 옛 뱀 곧 마귀요, 사탄이더라. 천사가 그를 천 년 동안 결박하여 바닥이 없는 구덩이에 던져 넣어 가두고, 그 용을 봉인하고 천 년이 찰 때까지는 더 이상 민족들을 속이지 못하게 하였더라. 그 후에 그가 반드시 잠시 동안 풀려나게 되리라." 계 20:1~3 이 말씀은 지상의 관점으로 본 천 년이다. 한 천사, 바닥없는 구덩이, 열쇠, 큰 사슬, '마귀요 사탄인 그 용, 곧 저 옛 뱀' 등의 표현이 나온다. 천사나 사탄은 영들이다. 그러기에 세상의 물질로 만든 큰 사슬로 묶을 수 없다. 당연히 천 년도 '상징'이지 실제 천 년 기간은 아니다.

그렇다면 천사가 사탄을 결박했다는 것은 어떤 의미가 있을까? 또 사탄은 언제 결박 당했을까? 이제 이 상징의 의미를 알아보자. 사탄을 결박하는 일은 예수 그리스도의 초림과 관련이 있다. "그분께서 말 못하는 악한 영을 쫓아내셨더라. 그러자 그 악한 영이 나가고 말 못하는 자가 말을 하므로 사람들이 매우 놀라더라. … 그러나 내가 하나님의 손가락으로 악한 영들을 쫓아낸다면, 하나님의 왕국이 분명히 너희에게 와 있는 것이라. 강한 사람이 무장하고 자기 저택을 지킬 때에는 그 재산이 안전하지만, 그보다 더 강한 자가 와서 그를 이길 때에는 그가 신뢰하던 그의 모든 무기를 그에게서 빼앗고 그의 전리품을 나누느니라." 눅 11:14, 20~22

사탄도 강하지만 예수 그리스도는 사탄보다 더 강한 자이시다. 사탄을 결박하고 그의 소유를 빼앗기 위해 2천 년 전 이 땅에 오셨다.

그리스도께서 오시기 전에는 사탄이 만국의 눈들을 장님으로 만들고 사람들을 속였다. 그래서 구원은 대개 유대인들에게만 국한되었고, 대부분의 유대인들마저도 하나님을 불신하며 대적했다. 그러다가 예수님이 오시자 상황이 급변했다. '천 년'이 시작된 것이다. 천 년은 예수님 재림 전후로 오는 것이 아니다. 주 예수님께서는 광야의 시험에서 마귀를 이기셨다. 주님은 여러 사람들을 붙잡고 있던 악한 영들을 몰아내심으로써 마귀를 누르셨다. 바울은 그리스도의 갈보리 사역과 사탄의 결박을 직접 연결시켰다.

"그러므로 자녀들은 살과 피에 참여하는 자들이기에 그분께서도 똑같이 살과 피가 되심은 그분께서 자신의 죽으심을 통해 죽음의 권세를 가진 바로 그 마귀를 멸하시고 죽음을 두려워하여 일평생 속박에 얽매인 자들을 구출하려 하심이라." 히 2:14~15

그리스도의 초림 때부터 사탄은 결박되어 있었다. '천 년'은 상징 숫자로서 지난 2천 년 동안의 교회 시대를 뜻하고 지금 우리들이 살고 있는 시기도 포함된다.

여기서 한 가지 의문이 생길 수 있다. "사탄이 정말 결박되어 있는 상태일까?" "세상에는 아직도 악이 넘치고 이단이 설치고, 사이비 기독교가 판을 치는데 … 거짓과 핍박이 그치지 않고 있는데 … 사탄이 정말 묶여 있다면, 어찌 이럴 수 있는가?" 사실 사탄과 그의 악한 천사들과 그 하수인들은 지금도 활동하고 있다. 그러나 그 활동은 제한되어 있다. 사탄의 속임수와 활동은 천로역정에 나오는 것처럼 목걸이에 묶여 있는 맹수에 불과하다. 아무리 사납게 날뛰어도 그렇게 위험한 것은 아니다.

"정신 차려라. 깨어 있어라. 너희 대적 마귀가 울부짖는 사자같이 두루 다니며 삼킬 자를 찾기 때문이라. 너희는 믿음 안에 굳게 서서 그를 대적하라. 세상에 있는 너희 형제들도 똑같은 고난을 겪는 것을 너희가 알기 때문이라. 그러나 모든 은혜의 하나님 곧 그리스도 예수님을 통해 우리를 자신의 영원한 영광으로 부르신 분께서 너희가 잠시 고난을 받은 뒤에 너희를 완전하게 하시고 굳건하게 하시고 강건하게 하시고 정착하게 하시리라. 그분께 영광과 통치가 영원토록 있기를 원하노라. 아멘." 벧전 5:8~11

복음의 진리는 아직도 많은 나라와 민족에게 전파되고 있다. 그리하여 마귀의 거짓과 어둠을 몰아내고 있다. 주님의 교회는 오늘도 세워지고 승리하고 있다. 그러나 복음을 듣는다고 해서 누구나 다 성도가 되는 것은 아니다. 주님께서 다시 오실 때, '믿는 자를 보겠느냐?' 하셨다. 마귀가 모든 방면에서 철저하게 다 결박된 것은 아니다. 그러나 예수님께서는 십자가에서 사탄과 사탄의 일을 멸하셨다. 마귀는 패배의 길을 가고 있다.

이 땅에 천년 왕국이 없다는 증거들

여기서 요한계시록 20장 1절로 10절이 언급하지 않는 것을 나열해보자. 이 구절은 그리스도의 재림에 대해서 아무것도 언급하지 않는다. 부활한 몸은 말할 것도 없고 어떤 몸에 대해서도 언급하지 않는다. 땅에서의 통치나 다스림이나 왕좌에 관해서 언급하지 않는다. 그리스도든 다른 누구든 땅에서 다스리는 어떤 사람에 대해서 아무것도 언급하지 않는다. 땅에서의 그리스도에 대해 아무것도 언급하지 않는다. 다윗의 왕좌에 대해서 아무것도 언급하지 않는다. 예루살렘이나 팔레스타인에 대해서 아무것도 언급하지 않는다. 땅에서 회복된 유대인의 왕국에 대해서 아무것도 언급하지 않는다. 이스라엘에 대해서 아무것도 언급하지 않는다. 유대 민족을 팔레스타인으로 다시 모으는 것에 대해 아무것도 언급하지 않는다. 성전과 회복된 유대인의 희생에 대해 아무것도 언급하지 않는다. 유대인들이 모두 개종할 것에 대해 그리고 세상이 개종할 것에 대해 아무것도 언급하지 않는다. 그리고 팔레스타인 땅이 비옥하게 되고 풍성한 물질로 복을 받는 것에 대해 아무것도 언급하지 않는다. 무슨 말인가? 이 땅에 세워지는 천년 왕국은 없다는 것이다.[243]

이제 하늘의 관점에서 본 천 년으로 가보자. 첫째 부활이 요한계시록 20장에 나온다. "또 내가 왕좌들을 보니 성도들이 왕좌 위에 앉아 있는데 심판이 성도들에게 맡겨졌더라. 또 내가 보니 예수님을 증거하다가 또 하나님의 말씀을 전하다가 목 베인 자들의 혼들이 있더라. 그 혼들은 짐승과 그 형상에게 경배하지도 않고 자기들의 이마 위에나 손 안에 짐승의 표를 받지도 아니한 자들이었더라. 그들이 살아서 그리스도와 함께 천 년을 다스렸더라. 그 첫째 부활에 참여하는 자는 복이 있고 거룩하도다. 둘째 죽음이 그들을 다스릴 권능이 없고 오히려 그들이 하나님과 그리스도의 제사장들이 되어, 그분과 함께 천 년을 다스릴 것이라." 계 20:4~6

이 말씀은 믿는 자들이 죽은 후에 곧 영화롭게 된다는 것을 보여
준다. 여기서 왕좌들 위에 앉은 자들은 목 베인 자들의 혼들이다. 그
렇다면 그리스도와 함께 천 년 동안 통치하는 자들은 누구일까? 하
늘에 있는 혼들이다. 당연히 이 땅에 있는 신자들이 아니다. 그러므
로 이 땅 위에 세워지는 천년 왕국은 없다.

"그분께서 다섯째 봉인을 여신 후에 내가 제단 아래서 보니, 하나
님 말씀을 전한 것과 자기들이 붙들었던 증거 때문에 죽임 당한 자
들의 혼들이 있더라. 그들이 큰 소리로 외치며 말했더라. 오 거룩하
고 진실하신 주님, 주님께서 땅에 거하는 자들을 심판하여 우리 피
에 대한 원수를 갚아주지 아니하시기를 언제까지 계속 하시겠습니
까? 그러자 그분께서 그들 각자에게 흰 예복을 주시며 그들에게 말
씀하시더라. 그들의 동료 종들과 형제들도 자기들처럼 죽임을 당해
그 수가 찰 때까지 그들이 아직 조금 더 안식해야 하느니라." 계 6:9~11
주님의 성도들의 죽음은 주님 보시기에 귀중한 것이다.244 이들은 하
늘에서 완전한 몸의 구속을 기다리고 있다.

"그 첫째 부활에 참여하는 자는 복이 있고 거룩하도다. 둘째 죽음
이 그들을 다스릴 권능이 없고 오히려 그들이 하나님과 그리스도의
제사장들이 되어, 그분과 함께 천 년을 다스릴 것이라." 계 20:6 이것은
첫째 부활에 참여하는 자들의 모습을 보여준다.

여기서 둘째 사망이란 무엇일까? "내가 보니 죽은 자들이 작은 자
나 큰 자나 할 것 없이 하나님 앞에 서 있는데, 책들이 펼쳐져 있고,

또 다른 책이 펼쳐져 있는데 곧 생명책이라. 죽은 자들이 자기 행위들에 따라 책들에 기록된 것들에 근거하여 심판을 받았더라. 바다가 그 안에 있던 죽은 자들을 내어주고 또 죽음과 지옥도 그 안에 있던 죽은 자들을 넘겨주니 그들이 각자 자기 행위들에 따라 심판을 받았더라. 죽음과 지옥도 불 호수에 던져졌더라. 이것이 둘째 죽음이라. 누구든지 생명책에 기록되지 못한 자는 불 호수에 던져졌더라." 계 20:12~15 둘째 사망은 심판 때에 각 사람이 자기들의 행위들에 따라 심판을 받고 사망과 지옥도 불 호수에서 영원한 멸망과 죽음의 상태로 있는 것이다.

"그 천 년이 끝났을 때 사탄이 자기 감옥에서 풀려나, 땅의 사방에 있는 민족들인 곡과 마곡을 속이고 그들을 함께 모아 전쟁을 일으키러 나갈 것이라. 그들의 수가 바다의 모래처럼 많더라. 그들이 넓은 땅으로 올라가 성도들의 진영과 사랑받는 도시를 에워싸니, 하늘에서 하나님으로부터 불이 내려와 그들을 삼켰더라. 그들을 속인 마귀가 불과 유황 호수에 던져지니, 거기에 짐승과 거짓 대언자도 있어 밤낮없이 영원히 고통을 받으리라." 계 20:7~10

여기서 곡과 마곡은 러시아라고 하는데 전혀 아니다. 성경은 성경으로 풀어야 한다. 곡과 마곡의 전쟁은 계시록 16장과 19장에서 다룬 '아마겟돈 전쟁'을 말한다. 구약 성경 에스겔서 38장과 39장에도 곡과 마곡의 군대와 그들을 향한 하나님의 심판이 나온다. 다시 한 번 얘기 하지만, 곡과 마곡의 전쟁은 아마겟돈 전쟁을 말하는 것이다. 이 전쟁의 결말은 어떻게 될까? 교회에 대한 핍박이 최고조에 달했을 때 주님이 재림하셔서 마귀를 파멸시키실 것이다.

"또 내가 크고 흰 왕좌와 그 위에 앉으신 분을 보니, 그분 앞에서 땅과 하늘이 사라졌고 땅과 하늘이 있을 곳을 찾지 못했더라. 내가 보니 죽은 자들이 작은 자나 큰 자나 할 것 없이 하나님 앞에 서 있는데, 책들이 펼쳐져 있고, 또 다른 책이 펼쳐져 있는데 곧 생명책이라. 죽은 자들이 자기 행위들에 따라 책들에 기록된 것들에 근거하여 심판을 받았더라. 바다가 그 안에 있던 죽은 자들을 내어주고 또 죽음과 지옥도 그 안에 있던 죽은 자들을 넘겨주니 그들이 각자 자기 행위들에 따라 심판을 받았더라. 죽음과 지옥도 불 호수에 던져졌더라. 이것이 둘째 죽음이라. 누구든지 생명책에 기록되지 못한 자는 불 호수에 던져졌더라." 계 20:11~15

이것은 마지막 심판 날에 크고 흰 왕좌 심판을 보여주는 것이다.[245] 왕좌가 크다는 것은 일어날 심판의 심대함과 형벌의 가중함을 나타낸다. 왕좌가 희다는 것은 왕좌에 앉으신 분의 거룩과 결백과 영광을 상징한다. 그리고 주님의 심판은 절대 공정하다는 것을 상징한다.[246] 왕좌에 앉으신 분은 주 예수 그리스도이시다. 심판받는 자들은 인류의 시조인 아담으로부터 재림 직전 제일 마지막까지 살 사람 모두를 포함하는 것이다.

책들은 우리의 삶이 기록된 일종의 기록부를 대변하는 것이다. 또 다른 책은 생명책이다. 이것은 어린양의 생명책이다. 이 생명책에는 하나님이 미리 아시고 선택하신 성도들의 이름이 적혀 있다. 우리도 심판받는다. 그러나 지옥가거나 형벌 받는 심판이 아니다. 그러므로 우리는 크고 흰 왕좌 심판에 대해서는 두려워할 것이 하나도 없다. 의로우신 분 예수 그리스도께서 우리를 대신하여 이미 십자가 위에서 심판을 받으셨기 때문이다. 창세 전에 죽임 당하신 유월절 어린양이신 주 예수 그리스도의 피를 볼 때, 우리를 넘어가실 것이다.

이 무서운 마지막 심판의 판결 기준이 무엇일까? '구원'이다. '믿음'이다. 예수 그리스도를 믿고 그분 안에 속해 있느냐, 있지 않느냐로 천국과 지옥이 결정된다. "진실로 진실로 내가 너희에게 말하노라. 내 말을 듣고 나를 보내신 분을 믿는 자는 영존하는 생명을 얻으며 심판을 받지 않고 오히려 죽음에서 생명으로 옮겨지느니라. … 그들이 나와서, 선을 행한 자들은 생명의 부활로, 악을 행한 자들은 심판의 부활로 나오리라." 요 5:24, 29

나는 과연 어느 쪽에 서 있는가? 나는 과연 누구를 믿으며 살고 있는가? 주 예수 그리스도이기를 소망한다. 하나님께 순복한 후 마귀를 대적하면, 우리는 신앙과 세상에서 승리할 수 있다. 우리 모두 그리스도의 군사가 되기를 소망한다. 우리를 대신하여 싸우시는 주님을 찬양하자.

30

하나님의 영원한 목적, 새 예루살렘

하나님의 영원한 목적과 구원은 직결되어 있다. 구원 이후의 삶은 어떤 삶일까? 하나님이 누구신지, 내가 누구인지, 교회가 무엇인지, 구원의 복이 무엇인지 알아가는 것이다. 사람의 죄는 아담으로부터 시작한다. 그렇다면 이 세상의 죄는 어디에서 시작될까? 사탄, 마귀이다.

이 마귀는 언제 끝장이 날까? 둘째 사망 때이다.[247] 이 둘째 사망 이후에 어떤 일이 벌어질까? 하늘에서 새 예루살렘이 내려온다.[248] 하나님은 창세 전부터 은혜로 계획하셨던 교회를 새 예루살렘으로 묘사하신다. 예수님은 하늘에서 내려오셨고, 교회 또한 예수님께서 세우셨기에, 새 예루살렘은 하늘에서 내려오는 것이다. 아담의 옆구리에서 이브가 만들어진 것같이, 교회는 예수님의 찢어진 옆구리에서 만들어진 것이다. 새 예루살렘은 주님의 신부된 교회이다.[249]

새 예루살렘 도시는 주님의 교회를 상징으로 표현한 것이다. 그러나 실제로 우리를 위한 하늘나라와 도시는 따로 있을 것이다.[250] 주 예수님께서 교회를 세우셨고 지금도 계속 건축하고 계신다.[251]

하나님 앞에 모여 있는 영광스런 교회의 특징은 네 가지로 나누어진다. 그 첫 번째는 교회의 영광이다. "내가 신부 곧 어린양의 아내를 네게 보여주리라. 그리고 천사가 나를 영 안에서 크고 높은 산으로 데려가서 하나님으로부터 하늘에서 내려온 저 큰 도시 거룩한 예루살렘을 내게 보여주니 거기에 하나님의 영광이 있더라." 계 21:9~11

그렇다. 교회에는 하나님의 영광이 있다. 새 예루살렘 성, 교회는 순금이요 맑은 유리라 했다. 이 교회의 영광은 사도 요한에게 큰 감동을 주었다. 그런데 그 아름답고 찬란한 교회의 영광을 인간의 언어로는 다 표현할 수가 없어서 각종 보석으로 표현한 것이다.[252]

그 도성의 성벽은 벽옥으로 지었으며 그 도성은 순금이고 맑은 유리 같다고 계시록은 증거한다. 벽옥jasper은 오늘날 '다이아몬드'이다. 벽옥은 하나님을 묘사할 때 쓰인 보석이다. 왜 교회의 성벽을 '벽옥'으로 묘사했을까? 우리는 사람들이 볼 때 천한 질그릇 같다. 그러나 예수님 안에서는 거듭난 성도, 한 생명 한 생명이 '다이아몬드'같이 귀한 보석이다.[253] 새 예루살렘의 성벽 기초석들을 구성하고 있는 보석은 얼마나 다양한지 모른다.

"그 도시의 성벽 기초들은 온갖 종류의 보석들로 장식되었더라.

첫째 기초는 벽옥이요, 둘째는 사파이어, 셋째는 옥수, 넷째는 에메랄드, 다섯째는 홍마노, 여섯째는 홍보석, 일곱째는 감람석, 여덟째는 녹주석, 아홉째는 황옥, 열째는 녹옥수, 열한째는 육계석, 열두째는 자수정이었더라."[계 21:19~20] 이 보석들은 구약의 대제사장 흉패에 달린 보석과 같다. 세상 사람은 부와 명예를 자랑하기 위해 보석으로 치장한다. 거룩한 도시의 기초석들이 종족, 성격, 은사, 재능, 직무 등이 달라도 한결같이 주님 앞에서 귀중한 보석들이다. 우리는 주님 보시기에 존귀한 자들이다.

거룩한 성 새 예루살렘, 그 도시의 열두 대문은 '진주'로 되어 있다.[254] 시조 시인 이호우의 『진주』라는 현대 시조가 있다.

> 배앓아도 배앓아도 돌아드는 물결을 타고
> 어느새 가슴 깊이 자리 잡은 한 개 모래알
> 삭이려 감싸온 고혈의 구슬토록 앓음이여

우리 주 예수님은 죄인된 우리를 의인으로 만들어, 천국에 들어가게 하시려고 골고다의 고난을 통해 빛나는 진주문이 되신 것이다. 우리 주님은 양들의 문이시요 빛나는 진주문이시다.[255] 그분은 우리를 위해 십자가에서 진액을 흘리시고 생명을 버리셨다. 벽옥과 진주와 순금! 인간의 말로 다 표현할 수 없는 교회의 영광을 생각하면 사도 요한이 한 말을 조금이나마 이해할 수 있다.

주 예수 그리스도께서는 이렇게 찬란하게 빛나는 교회의 영광을 위해 돌아가셨다. 구원받은 우리들의 영광을 위해 돌아가셨다. 이것이 우리들을 선택하신 하나님의 영원한 목적이다. 주 하나님 앞에서 거룩하고 흠이 없게 하시려고 오늘 이 땅의 고난들도 우리에게 허락하셨다.[256] 그러나 우리는 결국 주님 앞에서 정금같이 나올 것이다. 힘을 내자. 강하고 담대하자. 우리 구주 예수 그리스도께서 지금도 우리를 도와주시려고 기다리고 계신다. 영광, 할렐루야! 우리는 곧 승리할 것이다. 교회의 영광을 위해 돌아가신 주님을 찬양한다.

하나님께서는 창세 전부터 예수님을 예정하셨다. 그리고 창세 전부터 은혜로 계획하셨던 교회를 '새 예루살렘'으로 묘사하셨다. 하나님의 계획은 바로 '새 예루살렘' 건설이었다. 하늘의 교회가 도시로 상징되어 있다. 이제 이 도시의 벽과 문과 기초를 살펴보자.

성벽의 목적은 무엇일까? 적군이 못 들어오도록 막고, 성 안의 백성들을 보호하는 것이다. 새 예루살렘 성으로 나타난 교회에 성벽이 있다는 것은 '안전'과 '보호'를 뜻하는 것이다. 성경의 '높은 바위와 날개'는 피난처를 상징하는 것이다. "주 날개 밑 내가 편안히 쉬네 밤 깊고 비바람 불어쳐도 아버지께서 날 지키시리니 거기서 편안히 쉬리로다" 찬송 419, 통합 478

요한계시록에 계속되는 주제 중의 하나가 '하나님의 교회'는 지금도 안전하다는 것이다. 아무리 공격을 당하고 안팎으로 흔들려도 참 교회는 무너지지 않는다. 본질로 볼 때, 교회는 현재도 영광스러운 것이다. 지금도 안전한 것이다. 우리 하나님은 지금부터 영원까지 우리를 인도하시고 보호하신다.

"그 도시의 성벽에는 열두 기초가 있고, 거기에 어린양의 열두 사도 이름들이 있더라. 나와 이야기하던 그 천사가 도시와 그 도시의 문들과 성벽을 측량하려고 금갈대를 가졌더라. 그 도시는 정사각형으로 되어 있고 그 길이와 너비가 같더라. 그가 갈대로 도시를 측량하니, 만 이천 스타디온이요, 길이와 너비와 높이가 같더라." 계 21:14~16

이 거룩한 도시의 길이와 너비와 높이가 똑같다. 즉 정사각형이다. 그 치수는 각각 만 이천 스타디온, 약 2,200km이다. 한국 단위로 5,500리이다. 무궁화 삼천리 화려강산인데 남북한 합친 한반도 길이의 두 배이다. 이 거룩한 도시의 각각의 길이와 너비와 높이가 이렇게 어마어마한 숫자로 상징되어 있다.[257] 구약 성막의 지성소도 정방형이었다.[258]

새 예루살렘의 정방형은 최고의 안전과 최상의 교제를 의미한다. 하늘의 숫자 '3'과 땅의 숫자 '4'를 곱하면 '12'가 되고, 거기에 완전 수 1,000을 곱하면 만 이천이 된다. 이것은 두려움 없는 예수님 안에서의 안전과 하나님과 거리낌 없이 나누는 즐겁고 거룩한 교제를 보여 주는 것이다. 이 정방형 도시는 오랜 세월 일해오신 하나님의 완전하신 구원의 결정체, 교회를 나타내는 것이다. 출애굽 때에 하나님께서는 이스라엘 민족을 뒤에서 구름 기둥으로 보호하셨다.[259] 지금도 하나님께서는 거듭난 교회 성도들의 불성벽이 되셔서 우리를 보호하고 계신다.[260]

"나와 이야기하던 그 천사가 도시와 그 도시의 문들과 성벽을 측량하려고 금갈대를 가졌더라. … 또 그가 그 도시의 성벽을 측량하니, 사람의 치수 곧 그 천사의 치수에 따라 백사십사 규빗이더라."[계 21:15, 17] 금 갈대는 하나님의 척도를 의미한다. 다시 말해서 하나님의 말씀의 척도에 합당한 자만이 구원받아, 새 예루살렘의 성도가 된다는 것이다. 성벽 두께가 '백사십사 규빗'이라고 했는데, 이것도 상징 수치이다. 이스라엘 열두 지파를 뜻하는 '12X12'의 배수가 '백사십사'이다. 이것 역시 교회의 안전과 보호를 의미한다.

새 예루살렘의 성문은 모두 동서남북 3개씩 12개이다. 각 성문은 하나의 단일한 진주로 되어 있다.[261] 이 성에는 밤이 없기에 문을 닫을 이유가 없다.[262] "그 성에 들어가는 자 참 영광이로다 밤이나 낮이 없으니 그 영광뿐이라 예루살렘 예루살렘 그 거룩한 성아 호산나 노래하자 호산나 호산나."

문이 동서남북 방향마다 세 개씩 있다. 이것은 주 예수님께 돌아올 충분한 기회가 있다는 것이다. 언제든지 주 하나님께로 돌아올 수 있는 복음의 문이 활짝 열려 있음을 뜻한다. 주님은 오늘도 죄인들에게 열린 문을 두고 계신다.[263] 그러고는 수고하고 무거운 짐 진 자들을 오라고 초청하신다.[264] 또 교회가 완성되는 날에는 모든 성도들은 항상 하나님과 교제할 수 있는 문이 열려 있다는 뜻이기도 하다.

예루살렘 성 문들 위에는 이스라엘 자손의 열두 지파의 이름들이 기록되어 있다.²⁶⁵ 열두 지파는 거듭난 성도들을 상징한다. 그리고 열두 지파의 이름들이 그 문들 위에 기록되어 있다는 것은 거듭난 성도들은 한 명도 빠짐없이 교회인 새 예루살렘 도시에서 하나님을 섬기게 될 것이라는 뜻이다. 예수 그리스도께서는 하늘 아버지께서 자신에게 주신 자들을 단 한 명도 잃지 않으셨다.²⁶⁶

이스라엘 열두 지파들과 어린양의 열두 사도들의 이름은 구원 계획이 영광스럽게 끝났음을 말해 준다. 우리들은 하늘나라의 영광 중에서 신구약 시대와 그 이후의 모든 하나님의 백성들과 만나, 함께 아름다운 교제를 나누게 될 것이다. 그렇다. 하나님은 그분의 구원의 선물로 인해 가장 영화롭게 되신다. 그래서 하나님의 백성들이 찬양을 올릴 때 최대의 주제로 삼는 것이 바로 '하나님의 구원'이다.²⁶⁷ 교회는 구원받은 성도들이다. 교회는 영원히 안전하다. 우리는 영원히 안전하다. 주님이 우리를 지키시고 보호하신다. '하나님의 구원'을 찬양한다.²⁶⁸

우리는 이 땅에 살고 있지만, 하늘을 소망하는 자들이다. 하늘의 삶은 어떤 것일까? 하늘에서 우리들은 무엇을 할까? 첫 번째로, 하늘의 삶은 '경배의 삶'이 될 것이다. 하늘에서는 어떤 특정한 교회에 다닐 필요가 없을 것이다. 우리들은 그저 성 안에 있으면서 하나님의 백성들로서 살게 될 것이다. 이것은 곧 하나님과 함께 있는 것을 말한다. 그래서 요한은 거룩한 성 안에서 '성전'을 보지 못한 것이다.²⁶⁹

전능하신 주 하나님과 어린양 예수의 광채와 위엄과 영광이 새 예루살렘의 구석 구석을 비추고 있다. 그러므로 해와 달이 안에서 빛을 비출 필요가 없다고 했다.[270] 이 땅에서 아무리 하나님과 동행해도 하늘나라에서 영광 중에 하나님의 임재를 실감하는 기쁨과는 비교가 될 수 없을 것이다. 하늘에서 우리는 우리 주 하나님과 영원히 함께 있을 것이다.

두 번째로, 하늘의 삶은 '활동의 삶'이 될 것이다. 하늘에서 우리는 할 일 없이 소일하지 않고, 계속 하나님을 기쁘게 섬길 것이다. "구원받은 자들의 민족들이 그 도시의 빛 가운데서 걸어 다닐 것이라. 땅의 왕들이 그 도시로 자기들의 영광과 존귀를 가지고 오더라. 그 도시의 문들은 하루 종일 결코 닫지 아니하리니, 거기에는 밤이 없기 때문이라. 땅의 왕들이 그 민족들의 영광과 존귀를 그 도시로 가지고 들어오리라." 계 21:24~26

위 말씀의 배경은 이사야 60장 11절이다. "그러므로 네 성문들을 계속 열어놓고 밤이고 낮이고 닫지 아니하리니, 사람들이 이방인들의 군대를 네게로 데려오고 그들의 왕들을 데려오게 하기 위함이라." 요한계시록 21장에서 땅의 왕들과 민족들의 영광과 존귀는 하늘의 영광과 관련이 없다. 왜냐하면 하늘의 영광은 오직 하나님만의 것이기 때문이다. 하늘에서는 모든 자들이 주 하나님께 고개를 숙일 것이다. 그곳에는 원수들이 무서워서 문을 닫아야 하는 어두운 밤들이 없을 것이다. 우리는 하늘에서도 계속 하나님을 기쁘게 섬길 것이다.

세 번째로, 하늘의 삶은 '순결한 삶'이 될 것이다. 거기에는 하나님과 우리들을 떼어놓는 죄도 없을 것이다. 주님의 존전으로 나아갈 자격이 박탈되지도 않을 것이다. 주님과의 교제를 막는 것도 없을 것이다. 죄의 모든 결과와 행위들이 다 없어질 것이다. 어린양의 생명책에 기록된 자들은 흠 없이 거룩할 것이다.[271]

요한계시록 21장은 영광스럽게 될 교회의 삶을 위해서 하나님께서 하시는 일들을 기록한 장이다. 하지만 인간의 언어로는 교회인 새 예루살렘의 찬란한 영광을 다 표현할 수 없다. 21장은 하나의 희미한 등불에 지나지 않는다. 그래도 우리는 그 작은 불빛에 비춰는 완성된 교회의 모습을 보고 크나큰 희열을 느낀다.

시바의 여왕이 솔로몬 왕의 명성을 듣고 이스라엘 왕국을 방문하고 한 말이 열왕기상 10장에 있다. "그럼에도 불구하고 내가 와서 내 눈으로 볼 때까지 그 말들을 믿지 않았도다. 보라, 내가 들은 것은 절반도 안 되니 당신의 지혜와 번영이 내가 들은 그 명성보다 훨씬 더 뛰어나도다. 당신의 사람들은 행복하고 당신의 신하들은 행복하도다. 이는 그들이 늘 당신 앞에 서서 당신의 지혜를 듣기 때문이라. 주 당신의 하나님을 찬송하리로다." 왕상 10:7-9

우리들이 실제로 하늘나라에 가면 이와 동일한 고백을 할 것이다. 우리는 잠시 이 땅에 살다가 간다. 그러기에 더욱더 영원한 하늘나라를 사모한다. 우리 가는 인생길, 멀고 험해도 복된 하늘나라가 기다리고 있다. 마라나타! 주여, 그와 같이 오시옵소서!

미주

01) 무적함대는 별명이고 원래 이름은 Grandey Felicísima Armada, '위대하고 가장 축복받은 함대'이다.
02) Keith Piper, *Serious Omissions in the NIV Bible*, (1988), 25.
03) Dorothy and Carlton Orgburn, *This Star of England*, (New York: Coward-McCann Inc., 1952).
04) Dorothy and Carlton Orgburn, *The Renaissance Man of England*, (New York: Coward-McCann Inc., 1955).
05) 프란체스카 도너 리, 『프란체스카의 난중일기』, (서울: 도서출판 기파랑, 2019), 43.
06) John Clark Ridpath, *Ridpath's Universal History*, (New York: Merrill & Baker, 1901) Vol. XIV, 748.
07) 욥기 1장 6-12절.
08) 요한계시록 12장 17절.
09) 고린도후서 6장 8b-10절.
10) 요한계시록 3장 8절.
11) 이 시론은 잭 하일스의 책 『The Church』 중에서 18장 'The Church and the State'를 중심으로 재편집한 글이다. 참고 www.JackHyles.com
12) 요한복음 18장 36절.
13) 로마서 13장 6-7절.
14) 사도행전 16장 22-34절.
15) 마태복음 28장 18-20절.
16) 이 시론은 잭 하일스의 책 『The Salvation is More Than Being Saved』 중에서 14장 'The Salvation of a Nation'을 중심으로 재편집한 글이다. 참고 www.JackHyles.com
17) 레위기 2장 13절.
18) 민수기 18장 9절.
19) 로마서 10장 1-3절.
20) 성경에서 구원(salvation)은 하나님의 일이다. 통상 영원 구원이라는 말을 쓰지만 사람은 구원의 복음을 전파하는 것이고 복음 전파자는 혼을 이겨오는 자(soul-winner) 또는 혼을 얻는 자라고 되어 있다.(잠 11:30) 야곱의 아내 라헬이 베냐민을 낳다가 죽는 장면에서 성경은 라헬의 혼이 떠나간다고 증거 한다.(창 35:18) 다시 말해서 사람의 생명은 혼(soul)인 것이다. 혼이 구원받을 때 영(spirit)도 살아나는 것이다. 그래서 마지막 아담이신 예수 그리스도는 살리는 영이 되셨다.(고전 15:45) 헬라어 성경과 영어 성경의 베드로전서 1장 9절과 누가복음 12장 20절도 참고하라.
21) 사사기 9장 45절.
22) 중국의 석학 임어당이 대한민국 초대 문교부 장관 안호상 박사를 만났다. 안호상 장관이 말했다. "중국이 한자를 만들어 놓아서 한자를 사용하는 우리나라는 한글 전용에 문제가 많습니다." 그러자 임어당이 놀라서 정색을 하고 말했다. "그게 무슨 말입니까? 한자는 당신네들 동이족 조상이 만든 문자를 우리가 빌려 쓰는 것인데 그것도 모르고 있었습니까?" 무안을 당한 안호상 박사는 그 일 이후 역사 공부를 다시 하는 계기가 되었다고 한다.
23) 창세기 8장 4절, 베드로전서 3장 20절.

24) 창세기 11장 1절.
25) 창세기 11장 1-9절.
26) C.H. Kang and Ethel R. Nelson, *The Discovery of Genesis Hidden in the Chinese Language*, (Concordia Publishing House, 1979), 106.
27) 창세기 11장 1-9절, 창세기 9장 11-13절.
28) 창세기 9장 13-15절.
29) 창세기 8장 20-21절.
30) 창세기 10장 2절; 6절; 21절.
31) KJV, NIV, 히브리어 성경.
32) 창세기 10장 25절.
33) 창세기 11장 1-9절.
34) H. C. Leupold, 『창세기 주석上』, 정중은 옮김, (서울: 크리스챤서적, 1993), 323, Albert Barnes Commentary.
35) 요한계시록 19장 7-8절.
36) 조국현, 『한국인의 성경』 (대구세계문화엑스포, 2021), 73.
37) Arthur Koestler, *The Thirteenth Tribe*, (New York: Random House, 1976), 73.
38) Encyclopedia Britannica vol.12 (1973), 1054.
다음 백과사전도 참고하라. Judaica Jerusalem Encyclopedia vol.3 (1971), 50.
Encyclopedia Americana vol.16 (1986), 71.
Collier's Encyclopedia vol.13 (1977), 573.
39) Mel Tari, 『급하고 강한 바람처럼 1』, 정운교 옮김, (서울: 하늘기획, 2005), 8.
40) Oswald J. Smith, 『구령의 열정』, 박광철 옮김, (서울: 생명의말씀사, 2013), 103, 112, 134-6.
41) 베드로전서 4장 21절.
42) 데살로니가전서 5장 22절.
43) 고린도전서 11장 20절.
44) 마태복음 23장 6절.
45) 고린도전서 3장 16절.
46) 고린도전서 6장 19절.
47) 에베소서 2장 21절.
48) Baron Porcelli&CCG, 『십자가 형상 그 기원과 의미』, (서울: 생명의서신, 2003), 86.
49) 골로새서 2장 8절.
50) 라틴어 콰드라제시마는 스페인어에서는 카레스마[cuaresma], 프랑스어에서는 까렘[carême]이 되었다.
51) Harvey Cox, *The Future of Faith*, (New York: HarperCollins Publishers, 2009), 50.
52) 2021년 올해 사순절은 부활절[Easter]이 시작되기 전인, 2월 17일부터 4월 3일 부활절 이브까지다.
53) David W.Daniels, *Babylon Religion*, (Ontario: CHICK PUBLICATION, 2017), 55-60.
54) 예레미야 7장 17-18절.
55) Alexander Hislop, *The Two Babylons or the Papal Worship*, (United States: EZ

READS, 2009), 133.
56) 『카톨릭 백과사전』, 1987년 판.
57) 베드로전서 3장 21절.
58) 마가복음 7장 13절.
59) 마태복음 12장 40절, 마가복음 8장 31절.
60) 요한복음 19장 31절.
61) Finis Jennings Dake, 『Dake's Annotated Reference Bible』.
62) 마태복음 12장 39-40절 .
63) 요한복음 2장 13절.
64) 요한복음 5장 1절.
65) 요한복음 6장 4절.
66) Henry H. Halley, 『최신 성서 핸드북』, 박양조 옮김, (서울: 기독교문사, 2000), 533-5.
67) Ibid. 534-5.
68) 요한복음 20장 1-3절.
69) Harvey Cox, *The Future of Faith*, (New York: HarperCollins Publishers, 2009), 51.
70) 예레미야 7장 17-18절.
71) Alexander Hislop, *The Two Babylons or the Papal Worship*, (United States: EZ READS, 2009), 133-4.
72) 『카톨릭 백과사전』 1987년 판.
73) Alexander Hislop, *The Two Babylons or the Papal Worship*, (United States: EZ READS, 2009), 137-41.
74) 베드로전서 3장 21절.
75) 『카톨릭 백과사전』, 505.
76) George Metlake, 『The Life and Writings of Saint Columban』, 132.
77) 출애굽기 12장 2절, 레위기 23장 5절, 민수기 9장 5절.
78) 고린도전서 11장 20절, 누가복음 22장 17-20절, 마태복음 28장 19-20절.
79) 요한계시록 13장 8절.
80) 요한복음 13장 1절.
81) 사도행전 20장 7절, 사도행전 2장 42절, 고린도전서 11장 20-21절.
82) 요한복음 12장 24절.
83) 요한복음 21장 3절.
84) Davis Huckabee, *Studies on Church Truth*, (1999).
85) 베드로후서 2장 13절.
86) 요한계시록 19장 9절.
87) 요한계시록 22장 20절.
88) 고린도전서 11장 26절.
89) History of the Christian Church, Volume 2.
90) 마태복음 1장 23절, 이사야 7장 14절.
91) 바뀐 외래어 표기법에 따라 가톨릭이라고 표기하면 카톨릭의 어원을 알 수가 없는데. 'Catholic(=Cat + holic)'의 'Cat'은 산스크리트어에서 그리스어를 거쳐 파생된 단어인데

'어머니'(mother)라는 뜻이다. 'holic'은 '완전히 바쳐진'(wholly given to)이라는 뜻이다. 결론으로 '카톨릭'은 '어머니에게 완전히 바쳐진'이라는 뜻인데 월신月神 숭배인 세미라미스 숭배를 나타내는 단어이다. 다시 말해서 성모 마리아를 숭배한다는 것이다.

92) a glorious church, 에베소서 5장 27절.
93) all the churches of the Gentiles, 로마서 16장 4절.
94) The churches of Christ, 로마서 16장 16절.
95) the churches of God, 데살로니가전서 2장 14절.
96) all the churches of the saints, 고린도전서 14장 33절.
97) 요한계시록 17장.
98) 고린도전서 15장 3-4절.
99) 요한계시록 13장 8절.
100) '응답하라 12월 15일' 참고.
101) Thieleman J. van Bright, *Martyrs Mirror*, (1977).
102) 대영백과 사전.
103) 『카톨릭 백과사전』 제3권.
104) 예레미야 7장 18절.
105) MOSES I. FINLEY ET CYRIL BAILEY, *L'Héritage de la Grèce et de Rome*, (Paris: Robert Laffont, 1992), 638.
106) 마태복음 2장 9-11절.
107) Jean Sloat Morton, *Science in the Bible*, (Chicago: Moody Press, 1978), 18.
108) Ralph Edward Woodrow, *Babylon Mystery Religion*, (1981), 152.
109) 열왕기하 17장 10절.
110) William Shepard, comp. Walsh, 『Curiosities of Popular Customs』.
111) 행운의 영어 luck은 Lucifer에서 유래했다. Lucifer는 사탄의 본명이다(사 14:12).
112) Dr. Scott Johnson, *Christmas--Its Origins & Meaning Should Christians Observed it?* (2009), 3.
113) 예레미야 10장 2-5절.
114) 대영백과사전 19권, 648-9.
115) 게쉬-다르(Gesh-dar)는 www.hanskrause.de 논문 참고.
116) 역사가, William Federer, There really is a Santa Claus.
117) christmas, http://www.swrb.com/newslett/actualNLs/christmas-awpink.htm
118) 창세기 10장 8-9절.
119) 에스겔 8장 16절.
120) Alexander Hislop, *The two Babylons*, (United States: EZ READS, 2009), 119-32.
121) 요한복음 2장 13절.
122) 요한복음 5장 1절.
123) 요한복음 6장 4절.
124) Henry H. Halley, 『최신 성서 핸드북』, 박양조 옮김, (서울: 기독교문사, 2000), 533-5.
125) Finis Jennings Dake, 『Dake's Annotated Reference Bible』, New Testament, 101. William Smith, 『A Dictionary of the Bible』, 가스펠서브, 라이프성경사전,

(생명의말씀사, 2006).
126) Theodor Mommsen, *The History of Rome* Vol.2, Vol.5.
127) Ralph Edward Woodrow, *Babylon Mystery Religion*, (California: Ralph Woodrow E. A, Inc., 1966), 150.
128) 누가복음 2장 8절.
129) 레위기 23장 34절.
130) 출애굽기 12장 37절.
131) 요한복음 1장 14절.
132) Mitch and Zhava Glasev, 『레위기의 3대 절기』 송용구 옮김, (서울: 생명의서신, 1992), 183.
133) 누가복음 2장 21절.
134) 레위기 23장 5절.
135) 니산월의 원래 명칭은 아빕월이었다.(출 13:3-4) 아빕월이 니산월로 바뀐 것은 바벨론 포로 이후로 본다(느 2:1).
136) Henry H. Halley, 『최신 성서 핸드북』 박양조 옮김, (서울: 기독교문사, 2000), 533-5.
137) 레위기 8장 33-35절.
138) 역대기상 24장.
139) 신명기 16장 1절.
140) 누가복음 1장 5절.
141) 역대기상 24장 10절.
142) 누가복음 1장 23-24절.
143) 누가복음 1장 36절.
144) J. G. Frazer, *The Golden Bough A Study of Magic and Religion*, XXXVII. Oriental Religions in the West, (London: The Macmillian Company, 1957).
145) C.H. Spurgeon, *Metropolitan Tabernacle Pulpit*, (1971), 697.
146) 이 시론은 알레이시 박사의 『Where Do Little Children Go When They Die?』의 번역본 '아이들이 죽으면 어디로 가나요?'(정동수, 도서출판 안티오크, 1996) 제2장(53-79)을 중심으로 재편집한 글이다.
147) 마태복음 2장 7-16절.
148) Dr. Jean Sloat Morton, *Science in the Bible*, (Chicago: Moody Press, 1978), 18.
149) 누가복음 1장 59절.
150) 요한복음 16장 21절.
151) 히브리서 11장 23절.
152) 히브리서 4장 15절.
153) 2019년 8월 16일 크리스채너티 투데이 한국판 인용.
154) 이 시론은 알레이시 박사의 『Where Do Little Children Go When They Die?』의 번역본 '아이들이 죽으면 어디로 가나요?'(정동수, 도서출판 안티오크, 1996) 제6장 '태어나지 않은 아이들'(137-147)을 중심으로 재편집한 글이다.
155) 2019년 헌법재판소에서 낙태 헌법불합치 결정을 내렸다. 그에 따라 2020년 12월 31일까지 관련법을 개정해야 하는데 아직 되지 않았다. 지금은 입법 공백 상태이고

사실상 낙태죄가 올해부터 그 효력을 상실한 것이다.
156) 누가복음 2장 12절; 16절.
157) 누가복음 18장 15절.
158) 누가복음 1장 15절.
159) 욥기 3장 11a절.
160) 욥기 3장 12-17절.
161) 누가복음 16장 19-31절, 누가복음 23장 43절.
162) 창세기 25장 8절.
163) 마태복음 27장 52절;53절 에베소서 4장 8~10절, 고린도후서 12장 2-4절, 사도행전 7장 54-60절.
164) 여기서 '마음'은 히브리어는 킬야(כִּלְיָה), 영어는 'reins'이다. 보통 때는 심장이나 콩팥으로 해석이 되지만, 여기서는 사람의 장기(organ)로 결코 쓰이지 않았다.
Dake's Annotated Reference Bible.
Laurence M. Vance, *Archaic Words and the Authorized Version*, (USA:Vance Publications, 1997), 286.
Noah Webster, *American Dictionary of the Engilsh Language*, (1828).
165) 예레미야 22장 30절.
166) 로마서 1장 3-4절.
167) 창세기 35장 18절.
168) Dr. Al Lacy, 『예수 그리스도의 보혈』, 서달석 옮김, (서울: 생명의서신, 2012), 155-63.
169) 갈라디아서 4장 4절.
170) M.R. De Haan, 『하나님의 과학』, 정동수·서현정 옮김(서울: 말씀과만남, 1995), 33.
171) 히브리서 4장 14-15절.
172) Al Lacy, 『예수 그리스도의 보혈』, 서달석 옮김(부천:생명의서신, 2003), 176.
173) 에베소서 4장 15절.
174) 이 시론은 알레이시 박사의 『The Blood of His Cross』의 번역본 '예수 그리스도의 보혈'(서달석, 생명의서신, 2012) 제1장 '예수 그리스도의 피로 인해 구원받음'(15-30)을 중심으로 재편집한 글이다.
175) 레위기 4장 6절, 레위기 16장 14절, 요한복음 19장 34절, 히브리서 10장 19-20절.
176) 히브리서 9:23-26.
177) 이 시론은 잭 하일스의 책 『The Salvation is More Than Being Saved』 중에서 11장 'Lordship Salvation'을 중심으로 재편집한 글이다. 참고 www.JackHyles.com
178) 사도행전 26장 17-18절.
179) 사도행전 20장 21절.
180) 고린도전서 3장 1-4절.
181) 고린도전서 5장 1-5절.
182) 갈라디아서 4장 8-11절.
183) 고린도전서 3장 1절, 베드로전서 2장 2절.
184) 고린도전서 2장 14절.
185) 요한복음 3장 16절.

186) 요한복음 10장 28절.
187) 로마서 8장 32절.
188) 로마서 6장 23절.
189) 골로새서 1장 27절.
190) 로마서 7장 15-23절.
191) 에베소서 2장 13절.
192) 요한일서 2장 6절.
193) 로마서 16장 10절.
194) 골로새서 2장 7절.
195) 골로새서 1장 28절.
196) 고린도전서 1장 2절.
197) 신명기 32장 20절, 하박국 2장 4절.
198) 갈라디아서 2장 20절.
199) 사도행전 3장 6절.
200) 출애굽기 8장 1-7절.
201) 사사기 5장 19절.
202) 스가랴 12장 11절.
203) Everett I. Carver, 『종말론 대백과』, 채수범 옮김 (서울: 나침반社, 1992), 647-8.
204) 요한계시록 20장 7-10절.
205) 마태복음 28장 19절.
206) Richard Brooks, 『요한계시록』, 이중수 옮김 (서울: 도서출판 목회자료사, 1993), 206.
207) Ibid. 196.
208) 에스겔 4장 5-6절.
209) NIV와 개역개정 성경에는 루시퍼를 계명성이라고 번역했다. 계명성은 예수님을 지칭하는 것이다.(사 14:12) Latin Vulgate와 KJV 에는 Lucifer라고 되어 있다. 루시퍼가 타락하여 사탄이 된 것이다.
210) 이사야 14장 12절, 에스겔 28장 14-15절.
211) 스가랴 1장 1-3절.
212) 스가랴 7장 7절; 11-13절.
213) 사도행전 3장 15절.
214) 다니엘 9장 25절.
215) 누가복음 3장 1절, 누가복음 4장 21절.
216) 누가복음 4장 18; 21절.
217) 사도행전 7장 54-60절.
218) 사도행전 10장, 11장.
219) Flavius Josephus, *Antiquities of the Jews*, USA.
『옥스퍼드 원어성경대전 074』, (서울: 제자원, 2015), 318.
220) D. Martyn Lloyd-Jones, *Great Doctrines of the Bible Vol III. The Church and the Last Things*, (USA: CROSSWAY BOOKS, 2003), 134-5.
221) 다니엘 9장 24절.

222) 마태복음 26장 27-29절.
223) 히브리서 1장 3절.
224) 마태복음 27장 50-51절, 히브리서 9장 11-12절.
225) 마태복음 24장 14-16절; 21절.
226) Fred P. Miller, 『Revelation: a Panorama of the Gospel Age』.
227) 디도서 2장 13절.
228) 다니엘 2장 41절.
229) 창세기 10장 8-10절, 창세기 11장 1-9절.
230) Alexander Hislop, *The Two Babylons or the Papal Worship*, (CrossReach Publications, 2017), 63-4.
231) 마태복음 19장 5-6절.
232) 레위기 26장 30절.
233) 창세기 11장 1-9절.
234) C.H. Kang and Ethel R. Nelson, *The Discovery of Genesis Hidden in the Chinese Language*, (Concordia Publishing House, 1979), 106.
235) 사사기 19장 22절.
236) 열왕기상 14장 24절.
237) 열왕기상 15장 12절.
238) 열왕기상 22장 46절.
239) 로마서 13장 1-7절.
240) 예레미야 애가 2장 19절.
241) 역대기하 7장 14절.
242) 요한계시록 1장 19절.
243) John L. Bray, *The Millennium-the Big Question*, (1984).
244) 시편 116편 15절.
245) 사도행전 17장 30-31절.
246) 창세기 18장 25절.
247) 요한계시록 20장 10절.
248) 요한계시록 21장 1-2절.
249) 요한계시록 21장 9절.
250) 히브리서 11장 16절.
251) 에베소서 2장 19-22절.
252) 요한계시록 21장 18-21절.
253) 고린도후서 4장 7절.
254) 요한계시록 21장 21절.
255) 요한복음 10장 7절.
256) 에베소서 1장 4절.
257) 요한계시록 21장 14-16절.
258) 열왕기상 6장 19-20절.
259) 출애굽기 14장 19-20절.

260) 스가랴 2장 4-5절.
261) 요한계시록 21장 12-13절; 21절.
262) 요한계시록 21장 25절.
263) 요한계시록 3장 8절.
264) 마태복음 11장 28절.
265) 요한계시록 21장 12절; 14절.
266) 요한복음 6장 39-40절.
267) 이사야 60장 18-19절.
268) 요한계시록 7장 10-12절.
269) 요한계시록 21장 22절.
270) 요한계시록 21장 23절.
271) 요한계시록 21장 27절.

※ 이 책에 있는 성경 구절은 저자가 권위역 킹제임스 성경을 직역한 것이다.
　직역할 때 히브리어 헬라어 원문과 주석서들을 부지런히 참고했다.
　원어 성경의 뜻을 벗어나지 않으면서 한국어의 어감과 운율을 살리려고 노력했다.
　저자는 지금 권위역 킹제임스 영어 성경을 한국어로 번역하고 있다.

권위역 성경(Authorized Version)은 지금까지 전 세계에서 가장 많이 팔리고 읽히고 수백 개 언어로 가장 많이 번역된 가장 권위 있는 성경이다. 마틴 루터, 존 칼빈, 존 낙스, 존 웨슬리, D.L. 무디, 찰스 스펄전, 조나단 에드워드 등등 시대 시대마다 개혁자와 복음 전도자들이 영혼 구령을 위해 사용한 성경이다.

권위역 킹제임스 성경(King James Version)은 하나님이 그 권위를 주시고 주후 1611년부터 400년 동안 하나님의 사람들에게 하나님의 성경으로 권위를 인정받았기에 권위역이라고 한다.

최근 라이프웨이 리서치 조사에 의하면 권위역 성경은 전체 미국 성인들 중 62%가 집에 소장하고 애독할 정도로 영어권에서 여전히 가장 사랑받는 성경이다. 세계적인 『톰슨 대역 한영성경』도 영어 성경은 권위역 킹제임스 성경이다. 『웨스트민스터 신앙고백서』도 권위역 성경을 보증한다.

* 마틴 루터는 루터 성경, 존 칼빈은 공인본문(Textus Receptus) 계통 성경인 에라스무스 성경과 스테파누스 성경 그리고 존 낙스는 공인본문 계통 성경을 사용했다.